한번 읽으면 끝나는 영문법

영어개념 Guide

megastudy

Mbest강의중

www.mbest.co.kr

▫ Digis

이 책의 **구성** 및 **활용법**

01 / 카툰

카툰의 스토리를 통해 각 챕터의 중요한 영문법의 개념을
확~ 기억나게 하였다.

 중요하여 짚고 넘어가야 할 부분은
저자 캐릭터를 통해 확~ 잡았다.

02 / 본문

꼭 필요하고 기본적인 문법사항을 이해하기 쉬운 예시와
함께 간결하게 담았다.

03 / 여기서 잠깐

여기서 잠깐! 은 본문에서 나온 문법들의
현실적 미묘한 차이를 설명하였다.

04 / PD수첩

PD수첩은 시험에 잘 나오거나, 헷갈려 하는 부분을 비교
하여 설명하고, 말하기(speaking)에 직접적으로 반영할 수
있게 꾸몄다.

05 / 영어 개념을 공구리다

영어 개념을 공구리다는 제목처럼, 각 챕터에서 배운 내용
을 기초로 하여 다듬을 수 있도록 핵심내용을 복습하게
하였다.

06 / 연습문제

각 과가 끝날 때마다 연습문제 를 실어,
아~하고 끝나는 것이 아니라, 자신의 실력을 확인 할 수
있게 하였다.

이 책의 차례

Preface 머리말

영어 말하기(speaking)도 알고 보면 **영문법의 일부**입니다.

이 책은 복잡하게 엉켜있던 영문법을 읽으면서 체계를 잡을 수 있도록 구성하였습니다.
영어 말하기(speaking)도 알고 보면 영문법의 일부입니다.
꼭 알아야 할 문법들을 제대로 안다면 영문법을 공부하는 것이 말하기를 공부하는 것
과 같습니다.

이 책은 최대한 **자연스럽게 영어 말하기**(speaking)로 넘어가게 도와주는
재미있고 실용적인, 영어개념을 잡아주는 문법책입니다.

이 책이 나오기까지 인내를 가지고 원고를 감수해 준 내 아내 Kaushal와, 같이 10잔 이상의
커피를 마시며 수고해 주신 김태연 부장님 그리고 멋진 삽화를 담당해 주신 이선경 작가,
김미선 디자이너님께 다시 한번 감사의 말씀을 드립니다.

여러분의 외국어 학습에는 언제나
▫Digis가 성실한 동반자가 되어줄 것입니다.

8품사

명사, 대명사, 동사, 형용사, 부사, 전치사,
접속사, 감탄사

이렇게 8품사이다.

01 / 8품사

한번에 끝내는 8품사

차 명 대

명사 · 대명사

이 친구는 학교 말고도 동네에서 아주 유명하다.

품사고등학교 8반 에는
└─────┘
8품사

차 명 대 라는 친구가 있다.
사명
사

왜냐하면, 아버지를 너무 빼다 박아서

동네사람들은 이 부자를 접할 때 마다 감탄한다.

수군
수군

수염만 있으면
아빠와 똑같네...
쌍둥일세... 무섭다 무서워...

동사 · 형용사 · 부사 · 전치사

부전자전
역시 내 아들이야~

!!!

아버지를 닮아 얼굴이 동그란 얼굴형 이다.
사   용
사

역시 부전자전 이다!
사치
사

피는
진하구나...

ㅋㅋ

 8품사는 뭐라고?

차**명대** 군은 　　　명사, 대명사

동그란 얼굴**형** 　　동사, 형용사

부전자전이라 　　부사, 전치사

동네사람들은 이 부자를 **접**하면 닮은 모습에 **감탄**한다. 　접속사, 감탄사

명사. 대명사. 동사. 형용사. 부사. 전치사. 접속사. 감탄사 이렇게 **8품사**이다.

01 | 품사

품사

8품사는 영어로 Parts of Speech라고 한다. 영어의 단어들을 성질별로 **8개**로 나눈 것이다.

1_ 명사

이 세상에 존재하는 것들, 즉 이름이 있는 것들은 다 명사이다.

2_ 대명사

명사를 대신한다 해서 대명사.
대명사에는 그, 그녀, 그들 등이 있다.

한국에서 제일 긴 사람 이름을 갖고 있는 남자 "황금독수리 온 세상을 놀라게 하다"

얘기를 하면, 이름만 말하다 대화 끝!
이럴 때, **대명사 he**를 쓴다면 그의 긴 이름을 한번만 말하면 쉽게 대화 할 수 있다!

3_ 동사

사물의 동작이나 상태를 나타내는 말이다.

크게 상태를 나타내는 be동사 와 동작을 나타내는 일반 동사로 구분된다.

1 be동사는 상태를 나타내며, 주어에 따라 am, are , is 가 있다.

I am a student.   나는 학생이다.

You are in the subway.   너는 전철 안에 있다.

She is happy.   그녀는 행복하다.

be동사는 **~이다, (~에) 있다, (~상태가) 어떠하다**이 3가지로 해석이 된다.

2 일반동사는 동작을 나타낸다.
자다, 먹다, 달리다, 공부하다와 같이 크게 동사의 행위를 당하는 대상
즉, 목적어의 유무에 따라 **자동사**와 **타동사**로 나뉜다.

자동사	타동사
I run. 나는 달린다.	**I eat.** 나는 먹는다.

I run. 나는 달린다. 라는 문장을 보면, 이 문장에 동사 run 달리다의 행위에 대해
당하는 대상 즉 목적어가 필요 없다.
즉 행위를 당하는 대상이 없어도 의미가 자연스러운 동사를 자동사라고 한다.

I eat. 나는 먹는다. 라는 문장을 보면, eat 먹다인데, 이 행위는 **무엇을 먹는다**라는
당하는 대상이 필요하다. 그래서 I eat pizza.와 같이 pizza라는 행위를 당하는
대상 즉 목적어가 필요하다. 이와 같이 행위를 당하는 대상 즉 목적어가 필요한
동사를 타동사라고 한다.

★ 목적어가 필요 없으면 **자동사**, 목적어가 필요하면 **타동사**

4_ 형용사

명사를 꾸며주는 말이다.

한 명의 소녀를 한 명의 **이쁜 소녀**처럼, 명사를 꾸며주는 역할을 하는 것이 형용사이다.

5_ 부사

동사, 형용사, 다른 부사를 꾸며주기도 하며 문장 전체를 꾸며주는 말이다.

예 I studied last night.

나 어젯밤에 공부했어.

동사 수식

I studied hard last night.

나 어젯밤에 열심히 공부했어.

예 Mom! It is delicious!

엄마! 음식이 맛있어요!

형용사 수식

Mom! It is really delicious.

엄마! 음식이 진짜 맛있어요!

6_ 전치사

명사와 대명사 앞에 오는 말이다.

전치사의 종류에는 in ～안에, on ～위에, from ～부터, to ～까지, with ～을 가지고 등이 있다.

7_ 접속사

두 개를 연결 해 주는 고리 같은 역할을 하는 등위접속사와 종속 접속사가 있다.

등위 접속사 and 그리고 but 그러나 so 그래서 or 혹은 등이 있다.

종속 접속사 when ～할 때 because 왜냐하면 after ～한 후에 although 비록 ～에도 불구하고

등이 있다.

8_ 감탄사

자연스럽게 나오는 감정을 표현할 때 나오는 비교적 짧은 말이다.

대표적인 것은 Oh, Wow등이 있다.

★ 아픔을 호소하는 감탄사!

영어로는 어떻게 할까? 정답은 **Ouch**이다.

실험해 보기 위해 장난으로 외국인 친구의 팔을 때려 보았다.

바로 Ouch!

외국인과 대화 할 때 적절한 감탄사는 대화의 감초이다.

감탄사는 Ouch를 비롯하여,

Oh, Oops, Wow 와 같은 말들이 있다.

궁금한 것이 생기면 바로 써 먹어보는 습관은 당신의 영어공부에

엄청난 효과를 줄 것이다.

01 8품사

각 문장의 노란색 박스 부분의 품사는 무엇인가?

---

1 She is a beautiful woman.

그녀는 아름다운 여자이다.

2 Andrew is a nice teacher.

앤드류는 좋은 선생님이다.

3 He has curly hair.

그는 곱슬거리는 머리를 가졌다.

4 I went to his house last night.

나는 지난 밤 그의 집으로 갔다.

5 My parents are very conservative.

우리 부모님은 매우 보수적이다.

▶ conservative 보수적인

6 Do you have a meeting at 7 o'clock?

너는 7시에 미팅이 있니?

7 We serve free coffee and bread.

우리는 무료로 커피와 빵을 제공합니다.

8 Ouch! It hurts.

아! 아프다.

Answer》 **1** 대명사   **2** 명사   **3** 형용사   **4** 동사
          5 부사   **6** 전치사   **7** 접속사   **8** 감탄사

문장의 구성

문장을 구성하는 성분에는
주어S, 서술어V, 목적어O, 보어C가 있다.

문_장 성분 _{씨의} 일장춘몽~

주어 · 서술어 · 목적어

문장성분씨는
뒷모습이 매력적인 여인이
핸드폰을
떨어뜨리는 것을 목격한다.

"오~~ I ♥ Beautiful Girls"

"내 이상형!!!
환상의 여신이 현실에
존재 했다니~~"

그는 당연히 핸드폰을 주서 찌...

어술어

저기요~
핸드폰~ ♥

왜? 목적(어) 이 있으니까?

영어 문장은 크게 4개의 성분으로 구성되어,
각 성분에 올 수 있는 품사의 종류가 정해져 있다!

문장을 구성하는 성분에는 주어(S), 서술어(V), 목적어(O), 보어(C) 가 있다.

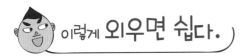 이렇게 **외우면 쉽다.**

문장성분씨의 이상형은

S 라인의 몸매   V 라인의 턱선   O 같은 동그란 눈에   보아 C 같은 사람이다.
주어   서술어   목적어   보어

문장을 구성하는 성분에는 **주어S, 서술어V, 목적어O, 보어C**가 있다.

02 문장성분 [주어 · 서술어 · 목적어 · 보어]
S V O C

1_ 주어(S)

문장의 주체이다.

Mr. Kim is my father.   미스터 김은 우리 아빠이다.
　명사

I am Korean.   나는 한국인이다.
대명사

주어가 될 수 있는 품사는 명사와 대명사가 있다.
우리말로는 ~은, ~는, ~이, 가로 해석된다.

2_ 서술어(V)

주어의 상태나 동작을 나타낸다.

He wakes up at seven.   그는 일곱 시에 일어난다.
　동사

서술어가 될 수 있는 품사는 오직 동사이다.
우리말로는 ~이다, ~하다로 해석된다.

3_ 목적어(O)

행위의 대상이다.

O 명사
대명사

I played basketball.   나는 농구를 했다.
명사

Andrew likes her.   앤드류는 그녀를 좋아한다.
대명사

목적어가 될 수 있는 품사는 명사, 대명사가 있다.
우리말로는 ~을, ~를로 해석된다.

4_ 보어(C)

C 명사/대명사/형용사

문장의 의미를 보충 해주는 말이다.
보어가 될 수 있는 품사는 명사, 형용사가 있다.

[1] 명사가 보어 역할

He became a doctor.   그는 의사가 되었다.

그는 되었다.   명사가 보어로 쓰임

a doctor 가 He became 을 보충설명 해주므로 이 문장에서는 명사인
a doctor 가 보어가 된다.

[2] 형용사가 보어 역할

You look sad.   당신은 슬퍼 보인다.

당신은 (~해)보인다 형용사가 보어로 쓰임

You look 은 어떻게 보이는지 보충해 주는 말이 필요하므로 형용사인
sad 가 look을 보충해 주는 보어로 쓰였다.

PD 수첩 품사는 한가지 역할만?

품사는 다역 배우다!

품사는 문장 안에서 하나의 역할만 하는 것 아닌가요? 라는 질문을 받은 적이 있다. 나는 그럴 때 이런 그림을 그려 준다.

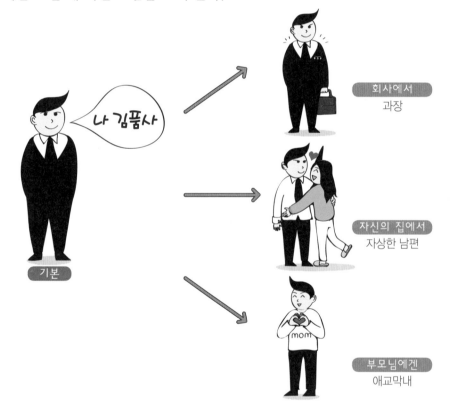

김품사씨는 회사에서는 과장님으로, 집에서는 자상한 남편이자, 부모님한테는 귀여운 막내아들로 그 신분성분이 변한다.
이렇게 김품사씨가 때에 따라 역할이 다르듯이 **품사는** 문장에 따라서 다른 역할을 한다.

"식사하셨어요?"는 영어로 어떻게 될까?

Did you have a meal?
우리나라 사람들이 자주하는 인사말이다.

그러나 이런 인사를 받은 외국인은
'나한테 저걸 왜 묻지?, 나랑 밥 먹을라고 하나?' 라고 생각을 하게 된다.

 Hi?   안녕?

 How are you?   안녕하세요?

 How have you been?   잘 지내셨어요?

How have you been? ◯	안녕하세요.
Did you have a meal? ✕	

식사하셨어요? 대신 **Hi, how are you?**로 기억하자!

다음 노란색 박스을 채우시오.

1 문장을 구성하는 성분에는 [   ] 가지가 있다.

S   문장의 주체이며 우리말로는 ～은, ～는, ～이, ～가 로 해석되는 [   ]

V   주어의 상태와 동작을 나타내며 우리말로는 ～이다, ～하다 로 해석되는 [   ]

O   행위의 대상이며 우리말로는 ～을 ～를 로 해석되는 [   ]

C   보충해 주는 말 [   ] 로 구성되어 있다.

2 주어에 들어갈 수 있는 품사 2가지는?
[   ] , [   ]

3 서술어에 들어갈 수 있는 품사 1가지는?
[   ]

4 목적어에 들어갈 수 있는 품사 2가지는?
[   ] , [   ]

5 보어에 들어갈 수 있는 품사 2가지는?
[   ] , [   ]

기억해 두자!
문장의 성분구성은 주어/서술어/
목적어/보어 4가지이다.
서술어는 동사만의 영역이므로
이 책에서는 1번과 3번의 답을
서술어와 동사를 같이 인정했다.

Answer》 **1** 4, 주어, 서술어 (동사), 목적어, 보어   **2** 명사, 대명사   **3** 서술어 (동사)
4 명사, 대명사   **5** 명사, 형용사

문장의 형식

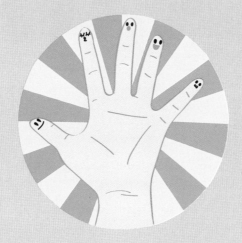

모든 영어문장은 다섯 가지 형식으로 되어 있다.

03 / 문장의 형식

오형식씨와 그녀
그리고....그 후
이야기

1 형식

오형식이라는 허우대 멀쩡한 사람이 있었는데
여자 친구가 오랫동안 없어서 외로워서 울었다.

너무나 외로워서
그는 울었다.
He cried.
주어 동사

2 형식

그는 슬퍼 보였다.
He looked sad.
주어 동사 보어

3 형식

우연히 그는 그의 이상형인 한 여자를 만났다.

그는 한 여자를 만났다.
He met a girl.
주어 동사 목적어

4 형식

몇 달뒤 그녀에게 프로포즈를 하기 위해서
그는 그녀에게 반지 하나를 주었다.

He gave her a ring.
주어 동사 간접목적어 직접목적어

5 형식

5년 후...

아내와 전혀 다른 4살된 딸이
그를 깜짝 놀라게 했다.

그녀의 얼굴은 그를 깜짝 놀라게 했다.

Her face made him shocked.
주어 동사 목적어 목적격 보어

"누구냐...너..."

 기본 문장 5개만 외워두자!

1형식	He cried.	S + V
2형식	He looked sad.	S + V + C
3형식	He met a girl.	S + V + O
4형식	He gave her a ring.	S + V + 간접목적어I.O +직접목적어D.O
5형식	Her face made him shocked.	S + V + O + 목적격보어O.C

03 문장의 형식

문장이란?

주어와 서술어(동사)가 적어도 하나씩 포함되어 있는 단어들이 모인 구조이다.
문장은 5개의 형식으로 분류된다.

1_ S + V 1형식

1형식의 동사는 문장에서 **목적어 O**가 필요가 없다.
그러므로 1형식에 나오는 **서술어 V** 는 **자동사**이다.

He cried. 그는 울었다.
완전 자동사

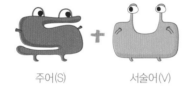

주어(S)　　　　서술어(V)

cried 뒤에 아무것도 없다. 주어 S와 서술어 V로만 되어있다. 즉 보충해 줄 말인
보어 C가 필요가 없다.
보어가 필요 없으므로 완전하여 **완전 자동사**라고 한다.

★**자동사**는 뒤에 **목적어가 필요 없는 동사**
　타동사는 뒤에 **목적어가 꼭 필요한 동사**

2_ S + V + C 2형식

2형식의 동사는 서술어 V(동사)는 뒤에 목적어 O가
나오지 않으므로, 목적어가 필요 없는 자동사이다.
보어가 나온다는 뜻은, 보어 없이는 불완전한 문장
이라는 뜻이다.

He looked sad.　　그는 슬퍼 보인다.
불완전 자동사

주어(S)　　　　서술어(V)　　　　보어(C)

look은 보충해줘야 하는 보어가 필요하므로 불완전하다 하여 **불완전 자동사**라고 한다.

3_ S + V + O 3형식

3형식의 서술어 V(동사)뒤에 목적어 O가 나오므로,
목적어가 필요한 **타동사**이다.
보어 C가 필요 없으니 **완전 타동사**라고 한다.

He met a girl.　　그는 한 여자를 만났다.
완전 타동사

주어(S)　　　　서술어(V)　　　　목적어(O)

4_ S + V + I.O + D.O   4형식

4형식의 동사는 수여동사다.

수여동사는 간접목적어 I.O에게

직접목적어 D.O를 준다 라는 의미를 가진 동사이다.

이러한 동사를 수여동사라고 한다.

He gave her a ring.   그는 그녀에게 반지를 주었다.

수여동사

주어(S)   서술어(V)   간접목적어(I.O)   직접목적어(D.O)

상장을 수여한다~~
수여동사 꼭!! 기억해요.

I.O   D.O

5_ S + V + O + O.C   5형식

5형식의 동사는 서술어 V 뒤에 목적어 O가 있으므로

타동사이며, 뒤에 목적격 보어가 있다는 것은

보어 없이는 문장이 불완전하다하여

불완전 타동사라고 한다.

Her face made him shocked.   그녀의 얼굴은 그를 놀라게 만들었다.
불완전 타동사

주어(S)   서술어(V)   목적어(O)   목적격 보어(O.C)

★ 각 형식별 **구조와 동사의 종류** 그리고 **특이사항**을 기억해 두자.

형식	구조와 동사의 종류	특이사항
1 형식	주어 S + 동사 V 완전 자동사	보어 X ➡ 완전 , 목적어 X ➡ 자동사
2 형식	주어 S + 동사 V + 보어 C 불완전 자동사	보어 O ➡ 불완전 , 목적어 X ➡ 자동사
3 형식	주어 S + 동사 V + 목적어 O 완전 타동사	보어 X ➡ 완전 , 목적어 O ➡ 타동사
4 형식	주어 S + 동사 V + 간접 목적어 + 직접목적어 수여동사 I.O D.O	수여동사
5 형식	주어 S + 동사 V + 목적어 O + 목적격보어 O.C 불완전 타동사	보어 O ➡ 불완전 , 목적어 O ➡ 타동사

 **뭐가 '구'고 뭐가 '절'이냐?**

구 vs 절

구나 **절**에 대해 **헷갈리는 사람들이 많다.**

구

존재감이 적다

왜? 단어만 모여 있어서!

단어 단어

2개 이상의 단어의 모임 - 문장의 구

절

존재감이 크다

왜? 주어와 동사가 있어서!

주어 동사

주어와 동사가 포함된 2개 이상의 단어의 모임 - 문장의 절

구나 절이 문장에서 하는 역할에 따라 다음과 같이 나뉜다.

그냥 두 개 이상의 단어들이 모여서 문장 안에서   명사 역할 – 명사구

형용사 역할 – 형용사구

부사 역할 – 부사구

주어와 동사를 포함한
두 개 이상의 단어들이 모여서 문장 안에서   명사 역할 – 명사절

형용사 역할 – 형용사절

부사 역할 – 부사절

1형식은 짧은 문장? 5형식은 긴 문장?

1형식 He ran.
그는 달렸다.

5형식 He made me happy.
그는 나를 행복하게 만들었다.

그래서 5형식 문장이 1형식 문장보다 길다? NO*!*

1형식 He ran in Central Park in New York with his friends.
그는 그의 친구들과 함께 뉴욕에 있는 센트럴 파크에서 뛰었다.

형식이 문장의 길이를 결정하는 것이 아니다.
얼마나 **많은 구나 절들이** 오느냐에 따라 **문장의 길이가 결정** 된다.

다음 주어진 문장은 몇 형식인가?

1 It looks expensive.

그것은 비싸 보인다.

2 Kaushal sent a letter.

코셜은 편지 한통을 보냈다.

3 They ran to the park.

그들은 공원으로 달렸다.

4 He gave me his laptop.

그는 나에게 그의 노트북을 주었다.

5 We call our son " JuJu- BaBa".

우리는 우리 아들을 "주주바바"라고 부른다.

6 This movie made me sad.

이 영화는 나를 슬프게 만들었다.

7 He became a scientist.

그는 과학자가 되었다.

Answer》 **1** ②형식　　**2** ③형식　　**3** ①형식　　**4** ④형식

　　　　　5 ⑤형식　　**6** ⑤형식　　**7** ②형식

CHAPTER **04** 야구공 영어 개념잡기

영어개념

야구공 **영어** 개념잡기

문장 속에
"관계대명사와
접속사가 나오면 뒤에
또 다른 동사를 쓸 수 있다."

홈런이나 파울처럼

관객이 공과 접속하면
관계대명사   접속사

새 공을 사용해야 한다.

"새 공 쓰자."

★관계대명사와 접속사가 나오면
새로운 동사를 또 쓸 수 있다.

나~학습자

몇 루타를
칠까?

2루 현재분사-ing / 과거분사-ed

3루 동명사-ing 1루

TO 부정사 명사적 용법
TO 부정사 형용사적 용법
TO 부정사 부사적 용법

04

영어 문장에서 동사는 오직 하나!

야구와 비교되는 동사의 기본적인 룰을 알아보자!

1_ 영어문장에서 대표동사는 오직 1개이다.

야구 = 영어 문장

야구 공 = 동사

❶ My wife eating dinner at 10 p.m   밤 10시에 저녁을 먹고 있는 아내

❷ My wife eats dinner at 10 p.m   내 아내는 밤 10시에 저녁을 먹는다.

첫 번째가 영어 문장이 될 수 없는 것은 동사가 없기 때문이다.
두 번째 문장처럼 영어 문장에서는 꼭 대표동사 하나가 필요하다.

eating~이 있잖아요!라고 묻는다면?
eating은 동사 eat에 -ing를 붙여서 변형된 것이므로, 동사가 아니다.
그러므로 이것은 문장이 아닌 구이다.

2. 변형된 동사는 동사가 아니다.

야구공이 손상되면 새 공을 쓴다.

문장에서도 동사의 형태가 변형되면 더 이상 동사가 아니다.

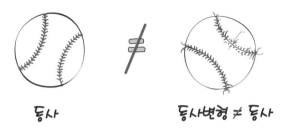

동사   동사변형 ≠ 동사

❶ I want meet your sisters live in Canada. (X)

❷ I want to meet your sisters living in Canada. (O)

나는 캐나다에 살고 있는 너의 자매들을 만나고 싶다.

첫 번째 문장이 틀린 이유는 동사가 한 문장에 3개가 있기 때문이다.

영어 문장을 쓸 때는 두 번째 문장처럼 대표동사 하나만 남기고 나머지는 변형시킨다.

대표동사는? **want**이다.

meet와 live는 앞에 대표동사가 이미 나왔기 때문에, to meet과 living으로

변형되어서 쓰여진 것이다.

대표동사 이외의 동사는

학습자의 의도에 따라 동사는 변형되어 사용된다.

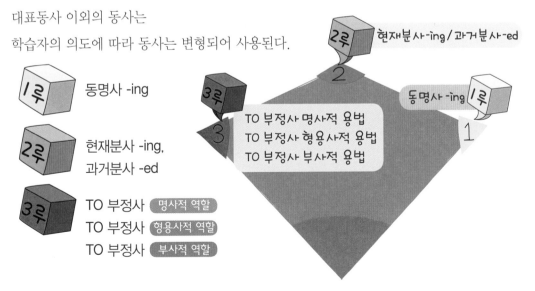

1루   동명사 -ing

2루   현재분사 -ing,
      과거분사 -ed

3루   TO 부정사 명사적 역할
      TO 부정사 형용사적 역할
      TO 부정사 부사적 역할

3_ 문장 뒤에 **절이 나오면 새 동사가 등장한다.**

관계대명사나 접속사가 오면 새로운 동사를 또 쓸 수 있다.

My father met the interior guy who likes colorful wallpaper.
관계대명사

우리 아버지는 화려한 벽지를 좋아하는 인테리어 하는 남자를 만났다.

이 문장에서 동사는

meet 만나다의 과거형 met과 like에 s를 붙인 likes 이렇게 두 개이다.

I know that she likes me. 나는 그녀가 나를 좋아하는 것을 안다.
접속사

이 문장에서 동사는 know와 like이다.
왜냐하면 that(접속사)가 문장 속에 나오면 대표동사 이외에
다른 동사를 또 사용한다.

영어개념을 공구리다

■ 준동사라는 말 들어봤나?

헬스클럽을 한 달을 등록하니 직원이
"수영장을 제외하고는 1년 등록하시는 정회원에 준하는 대우를
받으실 거에요." 라고 했다.

준하는 대우?
준회원은 정회원처럼 헬스클럽 이용이 가능하지만, 정회원은 아니다.

준동사는 동사가 아니다.
즉 동사가 변한 것 = 이것이 준동사이다.
동명사, 분사, TO부정사 를 일컫는다.

1루	동명사
2루	분사
3루	TO 부정사

동사가 그에 상응하는 주어가 있는 것처럼,
준동사도 그에 상응하는 주어를 가지고 있다. 그러므로 준동사는
동사랑 비슷하지만 문장 속에서 대표 동사역할을 할 수 없다.

이름 : 동사
1년 등록한
정회원 회원증
VIP

이름 : 준동사
정회원에 준하는
1달 등록한 회원증

다음의 문장이 맞으면 O, 틀리면 X에 O표 하시오.

1 모든 영어문장에는 동사가 적어도 1개 존재한다.

<u>　　O　,　X　</u>

2 동사가 변형되었더라도 동사이다.

<u>　　O　,　X　</u>

3 준동사에는 to부정사, 동명사, 분사 이렇게 3가지가 있다.

<u>　　O　,　X　</u>

4 전치사 와 접속사가 문장 속에 나오면 동사를 또 쓸 수 있다.

<u>　　O　,　X　</u>

Answer》 **1** ○ 　　**2** X 변형하면 동사가 아니다.

　　　　　3 ○ 　　**4** X 관계대명사와 접속사.

시제 Ⅰ : 기본시제와 진행시제

시제사의 진행동자와 완료스님 이야기

① 진행동자 동작 이야기

~ 하는 중이다.

과거진행 was/were ✚ 동사~ing

"진행동자야 지난밤에는 무엇을 하고 있던 중이었느냐?"

큰 스님의 머리를 깎고 있던 중 이었습니다.
I was cutting the head monk's hair.

현재진행 am/are/is ✚ 동사~ing

"지금은 무엇을 하는 중이냐~"

제 머리를 깎는 중입니다.
I am cutting my own hair.

미래진행 will be ✚ 동사~ing

"내일은 무엇을 하는 중일 것이냐?"

큰 스님의 머리를 깎는 중일 것입니다.
I will be cutting the head monk's hair.

진행형은 동작의 진행을 말하는 것이다.

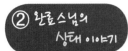

② 완료스님의
　　상태 이야기

쭈우욱 ~해 왔다.

과거완료 had ✚ 과거분사

완료스님은 과거 **그때까지** 묵언수행을 **쭈 우 욱** 해 **왔었다**.
The monk had performed his vow of silence.

현재완료 have/has ✚ 과거분사

완료스님은 현재 **지 금 까지** 묵언수행을 쭈우욱 **해 왔다**.
The monk has performed his vow of silence.

미래완료 will have ✚ 과거분사

완료스님은 훗날 **미래까지** 묵언수행을 **쭈 우 욱 해 올 것이다**.
The monk will have performed his vow of silence.

완료는 기본적으로 상태를 나타낸다.

③ 완료스님의
　　계속되는 이야기

쭈우욱 ~해 왔다(완료) +
~하는 중이다(진행)

과거완료진행 had been ✚ 동사~ing

완료스님은 과거 그때까지
묵언수행을 쭈우욱 해 왔던 + 중이었다.

The monk had been performing his vow of silence.

▶▶ vow of silence 묵언 수행

현재완료진행 have/has been ✚ 동사~ing

완료스님은 현재 지금까지
묵언수행을 쭈우욱 해 오는 + 중이다.

The monk has been performing his vow of silence.

미래완료진행 will have been ✚ 동사~ing

완료스님은 훗날 미래까지 묵언수행을
쭈우욱 해 올 + 중일 것이다.

The monk will have been performing his vow of silence.

기본시제	과거, 현재, 미래 = 3개	사실 의 시제
진행시제	과거, 현재, 미래 + 진행 = 3개	동작 의 시제
완료시제	과거, 현재, 미래 + 완료 = 3개	상태 의 시제
완료진행시제	과거, 현재, 미래 + 완료 + 진행 = 3개	계속 의 시제

 시제에 대해서...

사실의 시제 : **과거 / 현재 / 미래**

동작의 시제 : be + -ing(현재분사)

상태의 시제 : have/has + p.p(과거분사)

계속의 시제 : have/has + been + -ing(현재분사)

05-1

기본시제 [과거, 현재, 미래]

[과거] 에도 절이었다.   [현재] 에도 절이다.   [미래] 에도 절일 것이다.

1_ 과거시제

과거시제는 이었다로 해석된다.

어떤 행동이 언제 끝났다는 정확한 시간의 증거가 있을 때 쓴다.

I ate lobster yesterday.   나는 어제 랍스터를 먹었다.
[과거시제] eat ➡ ate

I studied Chinese last year.   나는 작년에 중국어를 공부하였다.
[과거시제] study ➡ studied

과거형은 동사를 과거형으로 바꾸면 간단히 해결된다.

[과거] 에도 절이없다.

2_ 현재시제

현재시제는 ~이다로 해석된다.

사실에 관한 것을 얘기하거나, 반복적이고 주기적인 습관,

교통이나 영화 등의 스케줄을 말할 때 사용한다.

[현재] 에도 절이다.

I eat lobster every Saturday. 나는 매주 토요일에 (반복적으로) 랍스터를 먹는다.
현재시제

I study Chinese everyday. 나는 매일 중국어(습관적으로) 공부를 한다.
현재시제

일반적인 진리, 과학적 사실	The sun **rises** in the east. 태양은 동쪽에서 뜬다.
반복적이거나 주기적인 **습관**	What time **do** you get up? 너 몇시에 일어나?
교통·영화시간표 등 **일정표**	My flight **leaves** at 4 a.m. 내 비행기는 오전4시에 떠난다.

3_ 미래시제

미래시제는 ~일 것이다로 해석된다.

앞으로 일어날 일에 대해서 말할 때 사용한다.

미래시제는 동사 앞에 will이나 be going to를 붙여주면 된다.

미래에도
절일 것이다.

I will eat lobster tomorrow. 나는 내일 랍스터를 먹을 것이다.
미래시제

I am going to study Chinese next semester.
미래시제

나는 다음 학기에 중국어를 공부 할 것이다.

 ★미래의 조동사 will을 be going to로 바꿔 말하기

I **will** stay at home. = I **(am)(going)(to)** stay at home.
나는 집에 있을 것이다.

영어개념를 공구리다

■ will과 be going to는 과연 똑같을까?

will vs be going to

즉흥적으로 당장 결정을 내리는 will

Will you watch a movie tomorrow?
갑자기 내일 영화 보러 갈래?

Okay, I **will** go with you. 즉흥적
그래, 너랑 갈게.

이미 계획적으로 미래를 결정 한 후 사용하는 **be going to**

What are you going to do?
이번에 뭐할 거야?

I **am going to** visit my grandfather's house.
할아버지 댁에 (계획이 된) 방문 할 예정이야.

계획/의지

■ 현재로 봐서 미래에 대한 확실한 증거가 있을 때

예 A fluorescent lamp **is going to** go out.
형광등이 나갈 것 같다.

▶ fluorescent lamp 형광등

예 It **is going to** rain.
비가 올 것 같다.

05-2

진행시제 [be동사 + -ing]

1_ 과거진행시제

"~하는 중이었다."로 해석된다.
과거 시점 에 동작이나 상황이 진행 중임을 표현할 때 쓴다.

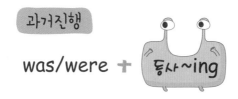

과거진행

was/were + 동사~ing

"지난 밤에는 무엇을 하는 중이었느냐?" 라는 질문에
진행동자는 "지난 밤에는 큰 스님의 머리를 깎고 있는 중이었습니다." 라고 대답한 바와
같이 과거 진행 시제를 사용하여 과거 시점에 그 동작이 진행 중임을 표현 하였다.

큰 스님의 머리를 깎고 있던 중 이었습니다.
I was cutting the head monk's hair.

"진행동자야~
지난 밤에는 무엇을
하고 있던 중이었느냐?"

★기본 **과거시제** 와 **과거 진행형**을 같이 쓰면,

어떤 일을 하던 중에 다른 일이 일어난 것을 나타낸다.

When my father **arrived**, we **were** playing a card game.
우리가 카드 게임을 하던 중, 아버지께서 도착 하셨다.

When my father **arrived**, we **played** a card game.
우리 아버지가 도착한 후 우리는 카드게임을 하였다.

2_ 현재진행시제

"~하는 중이다."로 해석된다. 현재 말하고 있는 시점에 일어나고 있는 일을 말할 때,
그 일은 아직 끝나지 않았을 때 쓴다.

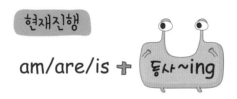

현재진행

am/are/is ✚ 동사~ing

"지금은 무엇을 하고 있는 중이냐?" 라는 질문에

진행동자는 "지금은 제 머리를 깎는 중입니다." 라고 대답 한 바와 같이 현재 진행 시제
를 사용하여, 현재시점에 일어나고 있는 동작이나 상황을 표현하였다.

제 머리를 깎는 중입니다.
I am cutting my own hair.

"그럼 지금은
무엇을 하는 중이냐~"

I am eating pizza.   나는 피자를 먹고 있는 중 이다.

We are playing soccer.   우리는 축구를 하고 있는 중 이다

My wife is talking with her sister on the phone.
내 아내는 전화로 처제와 얘기 하는 중 이다.

My son is jumping on the bed.   내 아들은 침대 위에서 뛰고 있는 중 이다

★ 소유상태, 존재, 감정 등을 나타내는 **상태동사**는 **진행형으로 쓰면 어색**하다.

I am having a car. (X)   I have a car. (O)
나는 차를 소유하고 있는 중이다.   나는 차를 가지고 있다.

I am existing. (X)   I exist. (O)
나는 존재 하고 있는 중 이다.   나는 존재한다.

하지만 상태를 나타내지 않고 (진행형의 기본 특성인) 동작을 나타내면

상태동사도 진행형이 가능하다.

I'm thinking of learning Chinese.
나는 중국어를 배우는 것을 고려하고 있는 중이다.

: think가 생각하다 라는 의미 대신 consider 고려하다 라는 의미로 쓰일 때는 **진행형**이 **가능**하다

그러나 요즈음 들어 광고나 노래가사, SNS에서는 이런 상태 동사를 진행형에서 자유롭게 쓴다.
문법은 사회를 반영하기 때문에,
지금은 틀리지만, 먼 훗날엔 이것이 오히려 맞을 지도□

한국인들이 쉽게 생각하는 What will you do tonight?

이 문장은 문법적으로 전혀 문제가 없다.

그러나 원어민들은 What are you doing tonight? 오늘 밤에 뭐 해?라고 말한다.

즉 가까운 미래 오늘 밤은 현재 진행형으로 말하는 것이다.

외국인 친구한테 이번 주에 뭐 해?라고 말할 때도

What are you doing this weekend? 가 자연스럽다.

★오늘 밤에 너 뭐 해?를 영작해 보자!

현재 진행시제는 가까운 미래를 대신한다 라는 말을 들어 본적이 있을 것이다.

What are you doing tonight? 오늘 밤에 너 뭐해?

어... What will you do tonight?

What are you doing tonight?

3_ 미래진행시제

미래에 ~을 하고 있는 중일 것이다라는 뜻이다.

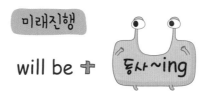

Don't call me tonight, I'll be watching a movie.

나한테 오늘밤 전화하지마. 나는 영화 보고 있는 중일 거야.

If you need my help this Sunday,
I will be staying at the Seoul Hotel until next Monday.

저의 도움이 이번 주 일요일에 필요하시면,
저는 다음주 월요일까지 서울 호텔에 머무르고 있는 중일 겁니다.

자주 사용되는 SNS용어

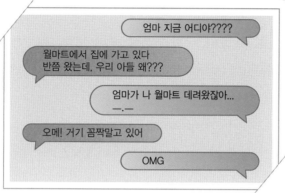

- **LOL** : laugh out loud   매우 웃길 때 쓰는 말
- **TTYL** : talk to you later   나중에 얘기하자
- **OMG** : oh my god   맙소사/레알
- **UR** : your   너의
- **BF** : boyfriend   남자친구
- **GF** : girlfriend   여자친구
- **BI** : bye   안녕
- **SCL** : school   학교
- **CUZ** : because   왜냐하면
- **THX** : thank you   고마워
- **CU/CYA** : see you/see ya   나중에 봐
- **PPL** : people   사람들
- **WANNA** : want to   ～하고 싶다
- **GONNA** : going to   ～할 예정이다

 **PD**수첩 알면 멋지게 쓰는 현재진행형

1. 불만을 표현할 수 있다.

현재 진행형과 **always, sometimes, often** 등과 같은 빈도부사가 같이 쓰이면 부정적인 뉘앙스를 줄 수 있다.

부정의 뉘앙스 : 빈도부사 + 현재진행형

She **always** watches TV. ☺   She is **always** watching TV. ☹

그녀는 항상 TV를 본다.   그녀는 맨날 TV만 봐.

2. 잘못 말하면 **오해를 산다.**

만약에 당신이 학교 선생님인데, 요즘 갑자기 한 학생이 매우 무례하게 굴어서
그 학생의 어머니와 면담시간을 가졌다.
이 상황에서 당신은 뭐라고 말을 해야 할까?

당신의 아이는 무례합니다.

Your child is **being** rude!   Your child is rude!

Your child is rude. 라고 현재형으로 말해버리면, 원래 태어났을 때부터 무례하다
라는 의미가 담겨있다.
왜냐하면, 현재시제는 사실, 반복적인 습관을 말할 때 쓰기 때문이다.
갑자기 안 그러다가 요즘 들어 무례한 행동을 한다는 동작의 느낌을 주는 진행형인
Your child is being rude. 가 적절하다.

맞는 단어에 O표 하시오.

1 Jayden (hates, is hating) insects.

제이든은 벌레를 싫어한다.

▶ **insects** 벌레들

2 Andrew (takes, took) care of his son last week.

앤드류는 지난 주에 그의 아들을 돌봤다.

3 Kaushal (will buy, will buys) a new cellphone.

코셜은 새 핸드폰을 살 것이다.

4 Water (boils, is boiling) at 100 degrees.

물은 100도에 끓는다.

5 My brother (takes, is taking) the first subway tomorrow morning.

나의 형은 내일 아침 첫 지하철을 탈 것이다.

6 Mr. Patel always (help, helps) me a lot.

파텔씨는 항상 나를 많이 도와 주신다.

▶ **a lot** 많이

7 When I was young, I (live, lived) in Japan.

나는 어렸을 때 일본에서 살았다.

Answer » **1** hates **2** took **3** will buy **4** boils

5 is taking **6** helps **7** lived

시제 Ⅱ : 완료시제

완료시제는
경험, 계속, 완료, 결과의
의미를 가진다.

박상병 소개팅의
시작과 끝

박상병이 총을 쏘려고 만반의 준비를 하고 있는 찰나,
그녀는 이미 마지막 총알까지 다 쐈다.

완료시제는 경험, 계속, 완료, 결과의 앞 글자를 따서 군인들이 외치는 경계완결이라는
단어처럼, 문장 속에서 의미를 가진다.

완료시제의 구분 4가지 경험, 계속, 완료, 결과

해석을 쉽게 하기 위해서 구분해 놓은 것으로, 가끔씩 어떤 문장들은 해석이 딱 떨어지지 않는
문장들이 있다. 이 때는 4가지의 의미들을 연결해서 해석하면 된다.

06

완료시제 [have(has) + p.p]

동작이 어떤 상태 임을 말해주는 시제이다.

완료시제의 의미는 상태의 **경험, 계속, 완료, 결과**를 나타낸다.

I ate lobster yesterday.

나는 어제 랍스터를 먹었다.

과거를 나타내는 증거 → yesterday 를 써서, **먹었다는 동작이 끝났음**을 보여준다.

I have eaten lobster.

나는 랍스터를 먹어본 적이 있다.

먹어본 적이 있다 라는 상태 → **경험**에 초점이 맞춰진 문장이다. 동작의 **어떤 상태임을 강조**하는 시제로 생각하자.

The monk had performed
his vow of silence.

1_ 과거완료

오른쪽 그림처럼 "~해 왔던 상태였다."라고 해석이 되며,
앞에서 언급한 완료의 4가지 의미인
경험, 계속, 완료, 결과 중에서 계속을 의미한다.

When I arrived at the restaurant, she had already left.

내가 그 식당에 도착했을 때, 그녀는 이미 떠났다.

라는 문장에서 쓰인 **과거완료** had left 는 계속의 의미가 아닌 이미 떠나고 없다는 결과를 의미한다

The monk has performed his vow of silence.

2_ 현재완료

오른쪽 그림처럼, 지금까지 "~해 온 상태이다."라는 의미를 가지며, 앞에서 언급한 완료의 4가지 의미인 경험, 계속, 완료, 결과 중에서 계속을 의미한다.

Have you ever eaten Korean food?

한국 음식 먹어 본 적이 있어요?

현재완료 have eaten 은 계속의 의미보단 먹어 본 경험을 의미한다.

3_ 미래완료

The monk will have performed his vow of silence.

오른쪽 그림처럼 〈미래〉시점인
앞으로도 "~해 올 상태일 것이다."라는
의미를 가지며, 앞에서 언급한 완료의 4가지 의미인
경험, 계속, 완료, 경험 중에서 계속을 의미한다.

I am late.
The meeting will already have finished. 완료
늦었다. 그 미팅은 이미 끝났을 거야.

미래완료 will have finished는 계속의 의미보단 끝났을 거라는 완료를 의미한다.

★**완료시제**는 기본적으로 4가지 **[경험, 계속, 완료, 결과]**의 의미를 가진다.

과거완료	had+p.p	그때까지 ~해 왔던 상태 였다.
현재완료	have+p.p	지금까지 ~해 온 상태 이다.
미래완료	will+have+.p.p	앞으로도 ~해 올 상태 일 것이다.

P·P 동사변화표 참조

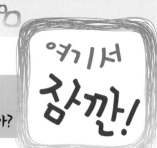

같은 주인공이라도
과거완료, 현재완료, 미래완료의 의미는 어떻게 다를까?

과거완료

Andrew and Kaushal **had been married** for 1 year when they had a beautiful boy Jayden.

아름다운 아들 제이든이 태어났을 때,
앤드류와 코셜은 결혼 1년차인 상태였다.

현재완료

Andrew and Kaushal **have been married** for 3 years.

앤드류와 코셜은 지금 결혼 3년차인 상태이다.

미래완료

Andrew and Kaushal **will have been married** for 8 years when Jayden goes to elementary school.

제이든이 초등학교 들어갈 때면, 앤드류와 코셜은
결혼 8년차인 상태일 것이다.

PD수첩 진행과 완료가 만났을 때?!

완료진행 시제

완료진행 시제는 완료시제＋진행시제이며, 쭈우욱 동작이나 상태가 계속되었다는 것을 강조하는 시제이다.

1. 과거완료진행

~해 왔던 중이었다라고 해석이 된다.

내가 집에 왔을 때, 내 아내는 인터넷을 하고 있는 중이었다.
그리고 (아내는) 막 컴퓨터를 껐다.
이 때 우리는 이렇게 말할 수 있다.

예 She **had been** using the internet.
그녀는 인터넷을 하고 있는 중이었다.

2. 현재완료진행

~해 온 중이다라고 해석이 된다.

오랜만에 갑작스럽게 회사로 찾아온 친구는 밖에서 1시간을 넘게 기다린 것 같았다.
이 때, 막 회사를 마친 나는 그 친구에게 이렇게 말할 수 있다.

예 How long **have** you **been** waiting?

너 얼마나 오랫동안 기다리고 있는 중이니?

3. 미래완료진행

~해 올 중 일 것이다라고 해석이 된다.

내 친구와 여자친구는 사이가 좋다. 천생연분!
이 때 우리는 이 커플의 내년에 대해 이렇게 말할 수 있다.

예 By 2017, they will **have been** dating each other for five years.

2017년이면, 그들은 5년동안 사귀어오는 중일 것이다.

영어개념를 **공구리다**

이제 기본시제 말고 다른 시제를 써서 원어민처럼 말해보자.

기본시제 도로

1 원어민 친구에게 내일 뭐하냐?고 물어 볼 때

What do you do tomorrow? 라는 말 대신

What are you doing tomorrow? 원어민 표현

주말에 뭐하냐?

를 써서 원어민처럼 표현한다.

2 피자를 자주 먹는 그녀에 대해 자신의 불평의 뉘앙스 표현을 하고 싶을 때

She always eats pizza. 라는 말 대신

She is always eating pizza. 불평 뉘앙스 표현

그녀는 항상 피자만 먹어.

를 써서 못마땅함을 표현한다.

3 언제 먹었다는 시간적인 정보보다 먹어본 경험을
말할 때

I ate Indian food yesterday. 라는 말 대신

I have eaten Indian food. 먹어본 경험

나는 인도요리를 먹어 본 적 있다.

상태를 나타내는 완료시제를 쓰자!

4 한국말을 기가 막히게 하는 외국인 친구에게
얼마동안 한국어를 공부했냐고 물어 볼 때

How long do you study Korean? 라는 말 대신

How long have you been studying Korean? 동작·상태 질문

얼마동안 한국어를 공부해오는 중인가요?

동작이나 상태가 계속되었다는 것을 강조하는 명확한 문장이 된다.

각각의 문장은 현재완료의 어떤 용법으로 쓰였는가?

1 I have already finished my project.

나는 내 프로젝트를 막 끝냈다.

▶ project 계획

2 We have met his parents before.

우리는 그의 부모님을 전에 만난 적이 있다.

▶ met 동 meet 의 과거형

3 I have known Andrew for 10 years.

나는 앤드류를 10년째 알아왔다.

▶ known 동 know의 과거분사형

4 He has helped low-income families in Seoul.

그는 서울의 저소득층 가족들을 도와 왔다.

▶ low-income 저소득

5 We have just received the gift from her.

우리는 그녀로부터 그 선물을 막 받았다.

▶ receive 받다

6 I have eaten Greek food.

나는 그리스 음식을 먹어본 적 있다.

▶ Greek 그리스의

7 She has gone to Delaware.

그녀는 델러웨어로 가 버렸다.

▶ Delaware 델러웨어-지명

Answer》 **1** 완료　　**2** 경험　　**3** 계속　　**4** 계속　　**5** 완료　　**6** 경험　　**7** 결과

to 부정사

오른쪽 – 명사적 용법
왼쪽 – 형용사적 용법
가운데 – 부사적 용법

to부정사는 3가지 방향으로 찰 수 있는 페널티킥과 같이
3가지 용법이 있다.

07 to부정사의 세가지 방향

어느 쪽으로 찰까?
to 부정사

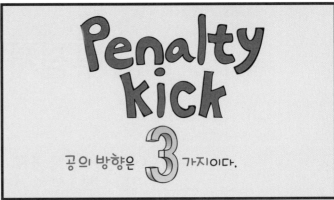

명사적 용법

To sleep is important.
자는 것은 중요하다.

~하는 것으로 해석 된다.

명사적 용법

형용사적 용법

I brought lunch to share with you.
나는 당신과 함께 나눠 먹을 점심을 가져왔다.

~할 / ~을 로 해석 된다.

형용사적 용법

부사적 용법

I study hard to be a doctor.
나는 의사가 되기 위해서 공부를 열심히 한다.

대부분 ~하기 위해서 로 해석된다.

to be a doctor

부사적 용법

to부정사는 문장속에서..

명사적 용법   주어, 목적어, 보어로 사용된다.

형용사적 용법 명사를 꾸며준다.

부사적 용법   문장 전체의 의미를 자세히 알려 준다.

07

부정사

품사가 정해지지 않은 말이다.

형태는 정해져 있지만 품사의 성질은 미정이라, 의미도 문장에서의 역할에 따라 변한다.
문장에서 **명사, 형용사, 부사적 용법**으로 **사용**할 수 있다.

형태   to ✚ 동사원형

 ★동사를 다른 품사인 **명사, 형용사, 부사**로 쓰기 위해 **동사 앞**에 to를 붙여 쓴 **to부정사**로 만들어 쓴다.

1_ 명사적 역할

명사적 용법은 문장 안에서 주어, 목적어, 보어 역할을 하며 해석은 ~하는 것이다.

to부정사의 명사적 역할 ⚌ 주어, 목적어, 보어

1 주어로 쓰일 때

To teach a foreign language is not an easy task.

외국어를 가르치는 것은 쉬운 일이 아니다. ▷ foreign language 외국어

To live without air is impossible.

공기 없이 사는 것은 불가능하다. ▷ impossible 불가능한

가(짜)주어 It It is impossible to live without air.

공기 없이 사는 것은 불가능하다.

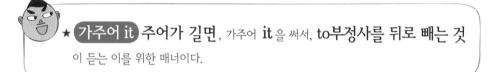

★ 가주어 it 주어가 길면, 가주어 it 을 써서, to부정사를 뒤로 빼는 것
이 듣는 이를 위한 매너이다.

To meet my girlfriend's
ex-boyfriend ~~~~~

"도대체 주어 언제 끝나!"

To meet my girlfriend's ex-boyfriend every morning in class is not pleasant.

내 여자친구의 전 남자친구를 매일 아침 내 수업에서 만난다는 것은 기쁘지 않다.

▷ pleasant 기쁜, 즐거운

To meet my girlfriend's ex-boyfriend every morning in class가 주어이다.

주어가 이렇게 길땐, 가주어 it 을 사용하여 주어를 뒤로 뺀다.

➡ It is not pleasant to meet my girlfriend's ex-boyfriend every morning in class.

2 목적어로 쓰일 때

My roommate likes to play soccer.
내 룸메이트는 축구하는 것을 좋아한다.

I want to go to India someday.
언젠가 나는 인도에 가기를 원한다.

▶ someday 언젠가

3 보어로 쓰일 때

To see is to believe.
보는 것이 믿는 것이다.

My grandmother's wish is to meet her husband living in North Korea at once.
우리 할머니는 북한에 살고 있는 할아버지를 한 번이라도 만나는 것이 소원이다.

▶ wish 소원, 바램
▶ at once 한 번

My grandmother's wish is to meet her husband living in North Korea at once. 으로, 다시 한 번 영어의 개념 😼 4과 참조 을 복습해보자.

Q₁ 모든 영어문장에는 그 문장을 대표할 동사가 하나만 존재한다. 여기서 동사는 무엇인가?

A is

Q₂ meet과 live 라는 동사에 왜 to와 -ing를 붙였을까?

A 문장을 대표하는 동사는 하나만 존재한다. 그래서 동사는 is 하나이어야 한다. 그러므로 영어 문장을 대표하는 동사는 하나만 존재한다라는 영어의 첫 번째 룰에 어긋나지 않게 하기 위해 meet과 live의 모양을 바꾼 것이다.

2_ 형용사적 역할

보통 형용사는 명사 앞에서 꾸며 주지만, to부정사의 형용사적 용법은 명사의 뒤에서 꾸며준다.

[1] 한정적 용법 수식 받는 단어에 제한을 준다.

I want something to eat. 나는 먹을 것이 필요해요.

She has many friends to help her. 그녀는 그녀를 도울 많은 친구들이 있다.

to eat은 내가 필요한 something을 한정해 준다.
to help her는 그녀의 많은 친구 중에 도움을 줄 수 있는 친구로 한정해 준다.

[2] 서술적 용법

주로 동사 뒤에서 보충해 주는 말(보어)로 쓰이며, 주어에 대해 설명해 준다.

He seems to be sad. 그는 슬퍼 보인다.

to be sad는 동사 seem을 보완하여 슬퍼 보인다는 주어의 상태를 완성해 준다.

동사 look 보다, seem ~처럼 보이다, appear ~인 것 같다, come ~이 되다
의 뒤에서 주어를 설명한다.

3_ 부사적 역할

to부정사가 부사처럼 쓰이면 동사, 형용사, 다른 부사 또는 문장 전체를 꾸며 준다.

1 목적 : ～하기 위해서 (90%이상)

My friend came here to see me from Busan.

내 친구는 나를 보기 위해서 부산에서 여기에 왔다.

▶ came come오다의 과거형

2 결과 : ～해서 ～하다

He grew up to be a great scientist.

그는 자라서 위대한 과학자가 되었다.

▶ scientist 과학자

3 원인 : ～해서 　감정의 원인

He was pleased to find his cell phone.

그는 그의 핸드폰을 찾아서 기뻤다.

▶ pleased 기쁜, 만족하는
▶ mobile 핸드폰

4 이유, 판단의 근거 : ～을 보니

He must be a lawyer to say that to me.

그는 나에게 그렇게 말하는 것을 보니 변호사가 틀림없다.

▶ lawyer 변호사

5 조건 : ～한다면

You'll do well to accept his offer.

당신이 그의 제안을 받아들인다면 잘 할 것이다.

▶ offer 제안
▶ accept 받아들이다, 승낙하다

to부정사의 형용사적 용법 중 어려운
be to 용법이란...

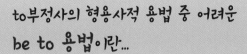

예정, 의도, 가능, 의무, 운명이라고 해석된다.
즉 be와 to 사이에 무언가가 생략되어 있다.

My uncle is (going) **to** get married next month.

우리 삼촌은 다음 달에 결혼 할 예정이다.

My uncle **is to** get married next month.

우리 삼촌은 다음 달에 결혼 할 예정이다.

예정으로 쓰인 이 문장이 즉 ~할 것이다. ~할 예정이다 라고 해석되는 것은 is와 to사이에 going이 생략되어 있기 때문이다.

	going		예정, 의도
be +	able	+ to	가능
	supposed		의무
	destined		운명

그럼 다음은 어떻게 해석할까?

(destined)

Tom was ⌄ never to see his wife and children again.

탐은 그의 아내와 아이들을 다시 볼 수 없는 운명이었다.

be to용법 과 to부정사의 명사적용법의 차이

To see is to believe.

주어S   동사V   보어C

보는 것이 믿는 것이다.

■ to부정사의 명사적 용법의 3가지 중 보어로 쓰였다.
is to는 be to용법일까? 아닐까? 답은 No.

To see is to believe.

이 문장은 주어 + be 동사 + 보어로 이루어져 있는 문장
즉, 2형식의 문장이다.

2형식의 틀인 주어s + 동사v + 보어c에서 보어에 들어 갈 수 있는 품사는
명사와 형용사가 있다.

2 2형식 문장의 보어는 I am a boy.라는 문장처럼 주어를 나타내는 동격이거나 혹은 I am tired.라는 문장처럼 주어의 상태를 서술해 준다.

I am a boy.

나는 소년이다.

I = boy

동격 명사

I am tired.

나는 피곤하다.

I 는 어떤 상태?

tired 피곤한 상태! 형용사

주어와 동격일 때 그 보어는 명사이어야 한다.

그러므로 To see is to believe. 이 문장에서 to believe 는 믿는 것이라는 명사 역할을 하므로 to부정사의 형용사적 용법인 be to 용법이 아니라, to부정사의 명사적 용법이다.

각 문장에 쓰인 to부정사의 용법을 쓰시오.

1 They went to Boston to attend her wedding.

그들은 그녀의 결혼식에 참석하기 위해서 보스턴에 갔다.

▶ attend 참석하다

2 Do you have any friends to help you?

너를 도와줄 친구가 있니?

3 I am so glad to see you.

나는 너를 보게 되어 너무나 기쁘다.

▶ be glad to~ ~해서 기쁘다

4 He wants to be a soccer player.

그는 축구선수가 되기를 원한다.

5 We need some boxes to put your cosmetics in.

우리는 너의 화장품을 넣을 몇 개의 상자들이 필요하다.

▶ cosmetics 화장품

6 My goal is to lose 10kg.

나의 목표는 10kg를 감량하는 것이다.

▶ goal 목표, 골
▶ lose 줄이다

7 To learn English is not that difficult.

영어를 배우는 것은 그렇게 어렵지 않다.

Answer 》 **1** 부사적 용법   **2** 형용사적 용법   **3** 부사적 용법 ★감정의 원인   **4** 명사적 용법 ★목적어
     5 형용사적 용법   **6** 명사적 용법 ★보어   **7** 명사적 용법 ★주어

원형부정사

나는 "to"를
사용하지 않는 부정사야!!

to없이 동사원형으로 사용되는 부정사

08/ to 없이 홀로 쓰이는 동사들

뭔가 다른 녀석들

모두가 to 라고 답을 썼는데, 단 두 명의 학생만
피켓에 ~ 답을 아무것도 안 적어 든 학생이 있었으니...
유지각 학생 과 박사역 학생.

지각 동사	지각 동사는 오감을 사용하는 동사이다.
	오감이란?
	보고, 듣고, 만지고, 느끼고, 냄새 맡는 것을
	말한다.

see, hear, find, feel... + 목적어 + 동사원형
보다   듣다   찾다   느끼다

사역 동사 | 누구를 (일을)시킨다는 의미를 가진 동사이다.

"12시가 되기 전에 모든 일을 다 끝내라?"

have, make, let ... + 목적어 + 동사원형
~하게하다 ~하도록 시키다

지각동사와 사역동사 뒤에는 동사 원형이 부정사로 온다.

원형부정사

원형부정사는 앞에 to가 생략되고 지각동사와 사역동사의 뒤에 쓰인다.

to부정사에서 **to**가 생략되어 원형동사로 사용되는 경우는 **지각동사와 사역동사의 뒤에 위치**할 때이다.

지각동사

see, hear, find, feel... **+** 목적어 **+** 동사원형
보다   듣다   찾다   느끼다

1_ 지각동사 : 인간의 감각을 나타내는 동사이다.

I saw her to enter the restaurant. (X)

I saw her enter the restaurant. (O) 나는 그녀가 레스토랑으로 들어가는 것을 보았다.

enter가 그냥 나온다?

보통은 변형이 되어야 하는데, 동사원형 그대로 사용하니까 눈에 완전히 띄지?

그래서 시험에 자주 나온다.

★ I saw her enter the restaurant.　　　나는 그녀가 레스토랑으로 들어가는 것을 보았다.

I saw her entering the restaurant.　　　　　　　"

지각동사 뒤에는 동사원형을 쓰지만, 현장감을 주기 위해서

-ing를 붙여주는 변형을 줄 수도 있다!

2 사역동사 : 누구를 ~하도록 시킨다는 의미를 가진 **동사**이다.

My wife had me to clean the living room. (X)

My wife had me clean the living room. (O)

내 아내는 나를 거실을 치우게 시켰다.

문장을 대표하는 동사는 **have**의 과거 **had**이므로 더 이상의 동사를 쓸 수 없다.

그러면 뒤에 나오는 **clean**은 당연히 변형시켜야 하지만,

My wife had me clean the living room.을 보면, 뒤에 **clean**이 그냥 나오네?

사역동사도 상당히 눈에 띈다. 무조건 외워야한다.

사역동사

make, let, have... ＋ 목적어 ＋ 동사원형

~하게 하다　　　~하도록 시키다

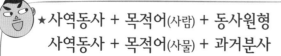

★사역동사 + 목적어(사람) + 동사원형

사역동사 + 목적어(사물) + 과거분사

He had me do this.　　그는 나에게 이것을 하라고 시켰다.

He had it fixed.　　　　그는 그것을 고치게 만들었다. (누군가에게 시켜서)

▶ fixed fix의 과거분사

PD수첩 사역동사 모르면 동문서답

I cut my hair yesterday. **VS** I had my hair cut.

I cut my hair yesterday.

나는 내 스스로 어제 내 머리카락을 잘랐다.

I **had** my hair **cut**.

나는 (미용실에 가서) 머리카락을 잘랐다.

직역 : 나는 내 머리를 자르도록 시켰다.

Jayden is taking
a picture as his hobby.

제이든은 취미로 사진을 찍고 있다를 나타낸다.

▶ **take a picture** 사진을 찍다

Jayden **has** his picture **taken**
as his hobby.

제이든은 취미로 사진 찍히는 (모델)을
한다는 의미이다.

직역 : 제이든은 취미로 그의 사진이 찍히도록 하였다.

부정사의 시간의 차이로 시제를 알려주는 방법이 있다.

단순히 **부정사 하나만으로는 시제를 나타낼 수 없다.** 그래서~

단순 부정사 **to + 동사원형**　　　같은 시간대에 일어난 일

완료 부정사 **to + have + P.P**　　먼저 일어난 일

He seems **to be ill.** 단순 부정사　　He seems **to have been ill.** 완료 부정사

그는 (지금) 아파 보인다.　　　　　　그는 아팠었던 것처럼 보인다.

 ★**단순 부정사** : 대표동사가 **to부정사**와 같은 시간대에 일어난 일

　　완료 부정사 : 대표동사 이전에 **to부정사**가 먼저 일어난 일

■ **동명사** : 동사를 명사로 쓰기 위해서 동명사

동사 ➡ 명사

■ **분사** : 동사를 형용사로 쓰기 위해서 분사

동사 ➡ 형용사

■ **to부정사** : 동사를 명사, 형용사, 부사로
쓰기 위해서 to부정사

동사 ➡ 명사 · 형용사 · 부사

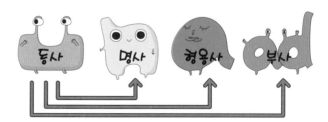

독립 부정사란?

혼자 독립해서 쓸 수 있는 부정사이다.
즉, 문장 앞에서 바로 쓰이고 콤마(,)로 구분되는 구이다.

말을 시작할 수 있는 스피킹에 있어서도 알아두면 도움이 되는 것들이다.

To be frank with you, he is not a nice person.
솔직히 말하자면, 그는 좋은 사람이 아니야.

to be frank with you
솔직히 말하자면

strange to say
이상하게 들리겠지만

to tell the truth
사실을 말하자면

to make matters worse
설상가상으로

( )안에 들어갈 알맞은 답을 보기에서 고르시오.

1 ⓐ to hand in ⓑ hand in ⓒ handing in ⓓ handed in

My teacher let me ( ) my homework later.

우리 선생님은 내 숙제를 늦게 제출하도록 허락하셨다.

2 ⓐ fix ⓑ fixing ⓒ fixed ⓓ to fix

Did you have your car ( ) yesterday?

어제 너의 차를 (정비소에 가서) 고쳤니?

3 ⓐ sing ⓑ to sing ⓒ to singing ⓓ to sang

We heard you ( ) a song in the contest last weekend.

우리는 지난 주말에 네가 그 대회에서 노래 부르는 것을 들었다. ▶ contest 콘테스트, 대회

4 ⓐ to clean ⓑ cleaning ⓒ clean ⓓ cleaned

My mom made me ( ) the living room.

우리 엄마가 내가 거실을 청소하도록 시켰다. ▶ made 동 make의 과거형

5 ⓐ taking ⓑ to take ⓒ took ⓓ taken

Can I have my picture ( )?

제 사진 좀 찍어 주실 수 있을까요?

Answer》 **1** ⓑ **2** ⓒ **3** ⓐ **4** ⓒ **4** ⓓ

CHAPTER **09** 동사의 변형

동사의 재활용

동사는 문장 속에서
동명사도 분사도 to부정사도 된다.

09 동사의 재활용

도끼를 찾아서...

동명사라는 사람이 쇠 도끼(동사)를 연못에 빠뜨렸다.

동명사 = 명사

분사 분사라는 사람이 쇠 도끼(동사)를 연못에 빠뜨렸다.

분사 = 형용사

동사의 변형 방법

동명사	➡	동사를 명사로 쓰기 위해서 **동사 + -ing**를 붙인 것
분사	➡	동사를 형용사로 쓰기 위해서 **동사에 -ing 혹은 -ed**를 붙인 것
to 부정사	➡	동사를 명사/형용사/부사로 쓰기 위해서 **동사 앞에 to**를 붙인 것

09 준동사 - 동명사

동명사

동사를 명사로 사용하려고 **동사를 명사화**시킨 준동사를 말한다.

1_ 동명사의 개념

문장 안에서 주어, 목적어, 보어로 쓰이며 ~하는 것으로 해석된다.

형태

동사원형 + -ing

eat	➡	eating		smile	➡	smiling
먹다		먹는 것		미소 짓다		미소 짓는 것

1 주어역할 : 문장에서 주체의 역할이다.

Playing basketball is my hobby.
 주어 S   동사 V   보어 C

▶ hobby 취미

농구하는 것은 나의 취미이다.

Watching TV for a long time is really bad.

TV를 오랫동안 보는 것은 정말 나쁘다.

▶ for a long time 오랫동안

2 목적어역할 : 행위의 대상이 된다.

I enjoyed **meeting** your friends.　　　　나는 너의 친구들을 만나는 것을 즐겼다.
주어 S 동사 V 　　　　 목적어 O

We finished **eating** dinner.
우리는 저녁 먹는 것을 마쳤다.

3 보어역할 : 문장의 의미를 보충해 주는 역할을 한다.

My niece's hobby is **playing** the piano.　　▶ niece 여자 조카
주어 S 　　 동사 V 　　 보어 C

내 여자 조카의 취미는 피아노 치는 것이다.

4 전치사의 목적어 역할

Thanks for **coming** to my party.　　　　제 파티에 와 주서서 감사합니다.
전치사 목적어 O

I am very interested in **learning** languages.
나는 언어들을 배우는 데에 매우 흥미가 있다.

　　　　　　　　　　　　　　　　▶ be interested in ~에 흥미가 있다
　　　　　　　　　　　　　　　　▶ language(s) 언어(들)

 ★**전치사**에는 무조건 **명사**가 와야 한다.
그러므로 **전치사** 뒤에서 **명사**나 **명사 대용**으로 쓰이는 **것**만 올 수 있다.
동명사도 품사가 **명사**이므로 **전치사 뒤에 쓸 수 있다.**

2_ 동명사와 부정사의 구분

1 동명사를 목적어로 취하는 동사

enjoy	즐기다
dislike	싫어하다
give up	포기하다
mind	꺼리다
finish	끝내다

＋ 동명사

I enjoy to sing in Karaoke. (X)

I enjoy singing in Karaoke. (O)

나는 노래방에서 노래 부르는 것을 즐긴다.

I dislike to watch horror movies. (X)

I dislike watching horror movies. (O)

나는 공포영화 보는 것을 좋아하지 않는다.

2 to부정사를 목적어로 취하는 동사

want	원하다
hope	희망하다
decide	결심하다
expect	기대하다
refuse	거절하다

＋ to 부정사

I want to see your brothers.   나는 당신 형제들을 보고 싶다.

I decided to marry the woman.   나는 그 여자와 결혼하기를 결심했다.

3 동명사와 to부정사 모두를 목적어로 취할 수 있는 동사

begin	시작하다
start	출발하다
love	사랑하다
like	좋아하다
continue	계속하다

+ 동명사 / to 부정사

My father likes fishing. (O) 우리 아버지는 낚시를 좋아한다.

= My father likes to fish. (O)

It starts snowing. (O) 눈이 오기 시작하다.

= It starts to snow. (O)

PD수첩 to부정사와 동명사로 보는 시제

to부정사 vs 동명사

1. to부정사는 나중의 일, 동명사는 과거에 일어난 일

to부정사는 나중의 일, 동명사는 과거에 일어난 일을 나타낸다.

예 I want **to go** to Toronto.
나는 원한다   토론토에 가기를

나는 토론토에 가기를 원한다.
> 원하는 것은 지금, 토론토에 가는 것은 나중의 일

I enjoy **playing** soccer.
나는 즐긴다   축구하는 것을

나는 축구하는 것을 즐긴다.
> 즐긴다는 것은 지금,
> 축구를 하는 것은 과거부터 시작한 일

 저자특강!

★ to be와 being의 **뉘앙스 차이**

It is not easy to be a government officer in Korea. 취업준비생
한국에서 공무원 되기는 쉽지 않아.

It is not easy being a government officer in Korea.
한국에서 공무원으로 일하는 것은 쉽지가 않아. 공무원

정부

그냥 외우지 말고 **뉘앙스를 느껴보자**.
약간의 차이가 당신을 들었다 놨다 할 수도 있다.

2. to부정사와 동명사 중 시제상 의미가 달라지는 것들

둘 다 목적어가 될 수 있지만, 시제상 의미가 달라진다.

(예) I remember **putting** my keys on the table. 이미 놔둠

나는 나의 열쇠들을 테이블에 놔 둔 것을 기억한다. 　과거

Remember **to put** my keys on the table. 나중의 일-아직 놔두지 않음

내 열쇠들을 테이블에 놔 둘 것을 기억해! 　미래

I will never forget **meeting** Dr. Smith this afternoon. 이미 만남

나는 오늘 오후에 스미스 의사를 만났던 것을 절대 잊지 않을 것입니다. 　과거

Don't forget **to meet** Dr. Smith this afternoon. 아직 만나지 않음

오늘 오후에 스미스 의사를 만나는 것을 까먹지 마. 　미래

Annie stopped **picking** flowers. 이미 꺾음

애니는 꽃들을 꺾는 것을 멈췄다. 　과거

Annie stopped **to pick** some flowers. 아직 꺾지 않음

애니는 몇 개의 꽃을 꺾기 위해서 멈췄다. 　미래

영어개념를
공구리다

■ Not의 위치에 따라 의미가 완전 달라지네..
(전체부정과 동명사만 부정)

예 My friend **is not worried** about sending his son to the alternative school.
내 친구는 아들을 대안학교에 보내는 것에 대하여 걱정하지 않는다.

무엇을 부정하는가?
➡ 아들을 대안학교에 보내는 것에 대하여 걱정하는 것

예 My friend is worried about **not sending** her son to the public school.
내 친구는 아들을 공립학교에 보내지 않을 것을 걱정한다.

무엇을 부정하는가?
➡ 공립학교에 보내지 않는 것

아버지가 방에 들어가신다.　　　　아버지 가방에 들어가신다.

 ★동명사의 부정은 동명사 바로 앞에 Not 붙이면 된다!

104

잘 틀려서 시험에 자주 등장하는 표현들

★ 사물 + need + 동명사

사물

My dress needs **zipping**.

나의 드레스는 지퍼를 올리는 것이 필요하다.

★ 사람 + need + to부정사

사람

I need **to zip** my dress.

나는 내 드레스의 지퍼를 올리는 것이 필요하다.

★ try + -ing   시험삼아 ~해 보다

John **tried baking** a cake.

존이 시험삼아 케익을 만들어 보았다.

★ try + to부정사   ~하려고 노력하다

He **tried to bake** a cake.

그는 케익을 만들려고 노력했다.

주어진 단어를 이용하여 다음의 문장을 영작하시오.

1 cooking   favorite   hobby   요리하는 것은 내가 가장 좋아하는 취미이다.

2 studying   interesting   영어를 공부하는 것은 재미있다.

3 listening to music   bad   on the subway   지하철에서 음악을 듣는 것은 나쁘다.

4 doing the dishes   그는 설거지를 끝냈다.

5 our health   good for   walking   걷는 것은 우리 건강에 좋다.

6 teaching   Chinese   my job   중국어를 가르치는 것은 나의 직업이다.

Answer » **1** Cooking is my favorite hobby.   **2** Studying English is interesting.
3 Listening to music on the subway is bad.   **4** He finished doing the dishes.
5 Walking is good for our health.   **6** Teaching Chinese is my job.

CHAPTER 10 스핑크스의 수수께끼

분사

분사는 워니워니 해도 형용사이다!

10 분사

스핑크스의 수수께끼

준동사-분사편

옛날옛날에 영어를 잘하는 학생들이 스핑크스와 우연히 만났다.

스핑크스가 물었다.

"분사란 무엇이냐?"

모든 학생들은 대답하지 못했고, 스핑크스에게 잡아 먹혔다.

"영어에서 분사 구분이 힘들지… 하하!!"

시간이 흘러…
두 형제가 스핑크스 앞 기념품 가게에서 기념품을 보고 있다.

스핑크스는 당황했다. 그리고 다시 물었다.

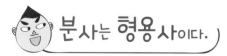 **분사는 형용사**이다.

종류는 **현재분사**(-ing) 와 **과거분사**(-ed)의 **2종류**가 있다.

10

분사

형용사의 역할을 한다.

1_ 형용사로서의 분사

Ⅰ. 한정적 용법 : 명사의 앞이나 뒤에서 그 명사의 범위를 한정한다.

1 현재 분사 [동사 + -ing] : ～하는

I like the smiling man.　　　　　나는 웃고 있는 그 남자를 좋아한다.

I like the man smiling in front of our school.

나는 우리 학교 앞에서 웃고 있는 그 남자를 좋아한다.　　　　▶ in front of　～의 앞에서

2 과거 분사 [p□p] : ～되는

Do you have an imported car?　너는 수입된 차를 가지고 있니?

Do you have a car imported from Germany?

너 독일에서 수입된 차를 가지고 있니?　　　　　　　　　　▶ import　수입하다

★ 현재분사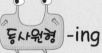
～하는 동사원형 -ing

★ 과거분사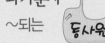
～되는 동사원형 -ed(p.p)

Ⅱ. 서술적 용법 : 분사가 보어자리에서 형용사 역할을 한다.

1 주격보어 : 주어를 보충 설명한다.

He looks depressed.　　　　그는 우울해 보인다.

▶ depress 우울하게 만들다

2 목적격 보어 : 목적어를 보충 설명한다.

I saw you waiting for him.　　나는 그를 기다리고 있는 너를 보았다.

▶ wait for ~를 기다리다

분사가 혼자 있으면 수식할 명사 앞에서 수식

분사가[두 개이상의 단어들(구)]와 같이 나오면 수식할 명사 뒤에서 수식

the smiling man　명사 앞　　　웃고 있는 사람

the man smiling in front of our school　명사 뒤

학교 앞에서 웃고 있는 사람

2_ 분사가 시제를 만날 때 동사의 역할을 수행한다.

분사는 동사를 변형시킨 것이므로 준동사라 하며, 분사가 시제를 만났을 때
동사 역할을 할 수 있다.

1 현재분사가 진행시제로 쓰일 때 : be동사 + 현재분사

진행 She is eating pizza.

그녀는 피자를 먹고 있다.

2 과거분사는 수동태로 쓰인다. : be동사 + 과거분사

수동태 This watch is made in Switzerland.  수동태 참고 chapter11

이 손목시계는 스위스에서 만들어졌다.

3 과거분사는 완료시제로 쓰인다. : have/has + 과거분사

완료시제 He has eaten Indian food.

그는 인도 음식을 먹어본 적이 있다.

★ 동사의 3단변화

원형	과거	과거분사	뜻
like	- liked	- liked	좋아하다
eat	- ate	- eaten	먹다
do	- did	- done	하다
make	- made	- made	만들다

"made in Korea"에서 made는 주어가 없는 구의 형태이므로, **동사의 과거형**
made가 아닌 make의 **과거분사**야!

즉 '한국에서 만들어진'이란 뜻이다.

영어개념를 공구리다

■ 현재분사와 동명사 구분하기

현재 분사	동명사
~하고 있는, ~하는 중으로 해석된다.	~하는 것, ~ 하기 위한으로 해석된다.

현재분사 My wife is **listening** to the radio.

내 아내는 라디오를 듣고 있는 중이다.

동명사 My wife's hobby is **listening** to the radio.

내 아내의 취미는 라디오를 듣는 것 이다.

a sleeping baby **현재분사**

자고 있는 아기

a sleeping bag **동명사**

잠을 자기 위한 가방 (침낭)

a swimming baby **현재분사**

수영을 하고 있는 아기

a swimming suit **동명사**

수영을 하기 위한 옷

PD수첩 분사구문으로 긴 말을 짧게!

분사구문이란?

주어와 동사가 포함된 절을 분사가 포함된 구로 간결하게 표현하는 것이다.

절을 분사구문으로
만드는 3단계

1단계 접속사 제거하기

접속사가 포함된 절에서 접속사를 제거 한다.

2단계 주어 제거하기

주절과 종속절 주어가 같으면 역시 제거,
주어가 다르면 그냥 남겨둔다.

3단계 동사 제거하기

동사의 시제가 같으면 동사 + ing 로 변형 시킨다.
동사의 시제가 다르면 having + p.p 로 변형 시킨다.

|실제 분사 구문 만들어 보기

After Jayden saw **the animation twice**, he eventually understood it.
제이든은 그 만화를 2번 보고 나서, 마침내 그것을 이해했다.

① 접속사 제거하기

(After) Jayden saw the animation twice, he eventually understood it.

② 주어 제거하기 Jayden = he

(Jayden) saw the animation twice, he eventually understood it.

③ 동사 제거하기 (saw 과거시제 = understood 과거시제) ⇒ 동사ing

saw the animation twice, he eventually understood it.
↳seeing

동사원형 + -ing ➡ seeing

분사구문 ➡ Seeing the animation twice, he eventually understood it.

주절과 종속절의 주어가 다를 때

As it was rainy, I stayed at home. 비가 와서, 나는 집에 있었다.

분사구문 ➡ It being rainy, I stayed at home.

① 종속절에서 접속사 as 제거

② 종속절 주어 it와 주절 주어 I가 같지 않으므로 it을 남겨 두기

③ was와 stayed의 시제가 과거시제로 일치 하므로, was의 원형 be에 -ing를 붙여준다.

10 분사 연습문제

다음 문장들을 동명사와 현재분사로 구분하시오.

1 Look at the singing birds.

노래하는 새들을 봐라.

2 What are you doing?

지금 뭐하고 있는 중이니?

3 My hobby is collecting stamps.

나의 취미는 우표를 수집하는 것이다.

4 He stopped watching TV.

그는 TV 보는 것을 그만두었다.

5 We watched the setting sun.

우리는 지는 해를 보았다.

6 I wanted to buy a camping car.

나는 캠핑(을 하기 위한) 자동차를 사기를 원한다.

Answer》 **1** 현재분사　　**2** 현재분사　　**3** 동명사　　**4** 동명사　　**5** 현재분사　　**6** 동명사

CHAPTER 11 사마귀와 잠자리의 다큐멘터리

수동태

11/ 수동태

사마귀와 **잠자리**의 다큐멘터리

능동

① A praying mantis eats a dragon fly.

사마귀가 잠자리를 잡아 먹는다.

수동

② A dragon fly is eaten by a praying mantis.

잠자리가 사마귀에게 잡아 먹힌다.

두 문장은 비슷하기는 하지만 ≠ 는 아니다.

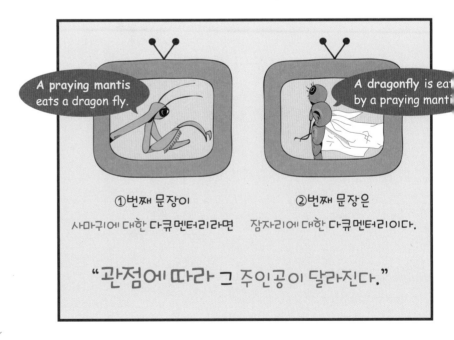

①번째 문장이
사마귀에 대한 다큐멘터리라면

②번째 문장은
잠자리에 대한 다큐멘터리이다.

"관점에 따라 그 주인공이 달라진다."

그러나, 능동태에서 수동태로 바꾸는 연습을 하면서
⬌를 사용하곤 하는데

관점이 다르기 때문에 주의할 필요가 있다.

A praying mantis eats a dragon fly.
≠
A dragon fly is eaten by a praying mantis.

연습도 좋지만,

"관점이 다르다!
잊지 말도록!!"

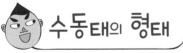 수동태의 형태

be + 과거분사 + (by 행위자)

수동태란?

주어가 누군가에 의해 어떤 일을 당한다.

1_ 수동태와 능동태 비교

능동태 active voice 주어가 어떤 일을 스스로 한다.

수동태 passive voice 주어가 어떤 일을 당한다.

"이그 넌 왜 이렇게 놀 때는 자발적(능동적)이고, 공부할 땐 수동적이니?"

능동태 A praying mantis eats a dragonfly.

사마귀는 잠자리를 잡아 먹는다.

수동태 A dragonfly is eaten by a praying mantis.

잠자리는 사마귀에게 잡혀 먹힌다.

★우리는 능동태를 수동태로 바꾸는 연습만 해왔다.

꼭 기억하자! **관점이 다르기 때문에 의미도 뉘앙스도 달라진다.**

2_ 문장의 형식을 통해 본 수동태

수동태는 당하는 대상 즉, 목적어가 필요하다. 즉 목적어가 존재하는 형식에서만
가능하다. 그래서 목적어가 없는 1형식, 2형식은 수동태를 만들 수 없다.

문장의 형식	
수동태 불가	**수동태 가능**
1형식 S + V	3형식 S + V O
2형식 S + V + C	4형식 S + V I.O D.O
	5형식 S + V O O.C

3_ 수동태를 만들 수 없는 동사

1 자동사로 수동태 불가 동사 (자동사 = 목적어가 없다.)

appear 나타나다, happen 발생하다, take place (사건이)일어나다,
occur 발생하다, become ~이되다

2 목적어가 있지만 수동태 불가 동사

have 가지고 있다, cost 비용이 들다, resemble ~을 닮다, escape ~을 피
하다 등의 동사는 수동태를 만들 수 없다.

Seven cellphones are had by my uncle. (X)
7개의 핸드폰이 삼촌에 의해 가짐을 당한다.

➡ My uncle has seven cellphones. (O)
우리 삼촌은 7개의 핸드폰을 가지고 있다.

4_ 목적어가 2개인 문장의 수동태 4형식

주어 S + 서술어 V + 간접목적어 I.O + 직접목적어 D.O

1   I.O 간접목적어 : [~에게]가 주어로 쓰인 경우

My girlfriend gave me a watch.   내 여자친구가 나에게 손목시계를 주었다.
간접목적어 I.O

➡ I was given a watch by my girlfriend.
   나는 내 여자친구에게 손목시계를 받았다.

2   D.O 직접목적어 : [~을/를]이 주어로 쓰인 경우

My girlfriend gave me a watch.   내 여자친구가 나에게 손목시계를 주었다.
직접목적어 D.O

➡ A watch was given to me by my girlfriend.
   손목시계가 그녀에 의해 나에게 주어졌다.

★왜 **given 뒤에 to**를 썼을까?

My girlfriend gave me a watch. 이 문장은 목적어가 두개인 **능동태 문장** 이다.

이 4형식 문장을 3형식으로 바꾸면 전치사 **to**가 삽입된다.

My girlfriend gave a watch to me. 이다.

이 문장을 **수동태**로 바꾸면,
➡ A watch was given to me by my girlfriend. 가 된다.

5_ 지각동사 / 사역동사의 수동태

1 사역동사 문장은 be동사 + 과거분사 + to V + (by 행위자)로 바꿔준다.

My mom made me clean my room.

우리 엄마가 나에게 방 청소를 하게 만들었다.

➡ **I was made to clean my room (by my mom).**

나는 우리엄마에 의해 방 청소를 하게 되었다.

2 지각동사 문장은 be동사 + 과거분사 + V ing + (by 행위자)로 바꿔준다.

I saw her sleep in the park.

나는 공원에서 그녀가 자는 것을 보았다.

▷ saw ⇒ see 보다의 과거형

➡ **She was seen sleeping in the park (by me).**

그녀는 공원에서 자는 것이 나에 의해(에게) 목격되었다.

▷ seen ⇒ see 보다의 과거분사형(📖)

★ 뒤에 **to clean**나 **sleeping**을 쓴 이유는 동사를 또 써야 되는데, 한 문장 안에 동사 **was**가 존재하므로 또 쓰기 위해선 **to**나 **-ing**를 붙여 변형해서 쓴다고 이해하면 쉽다.

시험에 나오는 4형식 ➡ 3형식으로 바꾸는 MBC GOLF

① **3형식** 으로 바꾸기 위해 기억해야 할 것은
당신을 위한 (for) MBC GOLF를 하세요(Do)!

당신을 위한(for)

Make	만들다
Buy	사다
Cook	요리하다
Get	얻다
Order	주문하다
Leave	떠나다
Find	찾다
Do	하다

② 동사에 따라 달라지는 전치사

for	MBC GOLF Do 동사 (make, buy, cook, get, order, leave, find, do)
to	MBC GOLF Do를 제외한 나머지
of	**ask** 묻다, **require** 필요로 하다, **inquire** ~에게 묻다, **beg** 간청하다

★My dad **bought** me a laptop. 우리 아버지가 나에게 노트북을 사 주셨다.

➡ My dad **bought** a laptop **for** me.

MBC GOLF Do동사에 해당하는 동사 **buy**를 사용했기 때문에 전치사 **for**를 사용한다.

▶ **bought- buy** 사다의 과거형

He gave me a chocolate.

그는 나에게 초콜렛 하나를 주었다.

➡️ She **gave** a chocolate **to** me.

 ★MBC GOLF Do동사에 해당하는 동사가 아니기 때문에 **전치사 to**를 사용한다.

▷▷ **gave** give주다의 과거분사형

She **asked** me a strange question.

그녀는 나에게 이상한 질문을 했다.

➡️ She **asked** a strange question **of** me.

 ★Ask 동사를 사용했기 때문에 **전치사 of**를 사용한다.

▷▷ **question** 질문

동사에 따라 달라지는 전치사

Make Buy Cook Get Order Leave Find Do ⇒ **for**

ask (require 필요로 하다, inquire ~에게 묻다, beg 간청하다) ⇒ **of**

나머지 동사 나오면 ⇒ **to**

난이도 있는 시험을 위해 3개 더 알아둡시다.

PD수첩 수동태의 진정한 의미는
회피나 면탈하고 싶은 분위기다.

1. 회피

난 축구가 정말 재미있어~~

골인~

OMG (Oh My God!)
어떡해!

Son : The window is **broken**! (by me)
엄마 창문 깨졌어.

Mom : Who did it?
누가 그랬니?

Son : By me.
내가. (걸렸다. T.T)

By me.
내가. (걸렸다. T.T)

2. 면탈

 Unfortunately, 불행히도...

 we decided that you **will not be hired** by our board.

우리 이사회에 의해서 당신이 고용되지 않을 것을 결정했습니다.

 사장님이 자른거야?
아니면 진짜 이사회야?

 이사회는 당신이 고용되는 걸
원치 않아서 말이야..

 ★시험이 문제가 아니라 원만한 인간 관계를 위해 **수동태를 알아 둬야 한다.**

다음 문장들을 영작하시오.

1 치즈는 우유로 만들어진다. make

....

2 이 책은 스페인어로 쓰여졌다. write

....

3 그것은 나무들에 의해 둘러싸여 있다. surround

....

4 AK 플라자의 문들은 오후 8시 30분에 잠긴다. lock

....

5 그의 회사는 그녀의 회사에 의해 소유되어 있다. own

....

6 아무도 다치지 않았다. injure

....

7 그 방은 그 남자에 의해 매일 청소가 된다. clean

....

Answer» **1** Cheese is made from milk.　　**2** This book is written in Spanish
3 It is surrounded by trees.　　**4** AK Plaza's doors are locked at 8:30 p.m.
5 His company is owned by her company.　　**6** Nobody is injured.
7 The room is cleaned everyday by the man.

관계대명사 / 관계부사

12/ 관계대명사

관계대명사는
스피드퀴즈이다.

한 부부가 스피드게임을 하고 있다.

Speed Quiz

"드디어 결승~
3문제를 마치면
미션성공!!"

문제 ①

사람이고,
당신에게 나를
소개시켜준 사람은?

Speed Quiz

이 상황을 다시 영어로 바꾸어 본다면,

① Andrew Do you remember the guy
who introduced me to you?

His wife Joell.

조엘

② Andrew **Do you remember the thing which you first bought for me?**

His wife **A cellphone.**

③ Andrew **Do you remember where we met for the first time?**

His wife **At Karaoke.**

12-1 관계대명사

관계대명사

두 문장을 이어주는 **접속사**와 **대명사**의 역할을 동시에 한다.
관계대명사 앞에 위치하는 명사를 **선행사** 라고 한다.

관계대명사의 뜻은 **그리고 + 선행사** 로 해석한다.

관계대명사 선행사	주격일 때 ~은/~는/~이/~가	목적격일 때 ~을/를(생략가능)	소유격일 때 ~의
사람	who	whom(who)	whose
사물	which	which	whose(of which)

I met a handsome guy. + He is a model.

나는 잘생긴 한 남자를 만났다.   그는 모델이다.

a handsome guy = he (잘 생긴 한 남자 와 그는 같은 사람)

→ I met a handsome guy who (that) is a model.

　　나는 잘생긴 한 남자를 만났다. 그리고 그 잘생긴 남자는 모델이다.

★ **관계대명사 that**은 예외사항 3가지를 빼면 선행사가 **사람이나 사물 모두 사용 가능**하다. 선행사가 all, the only, the same, the first 와 같은 수사 와 함께 쓰일 때는 반드시 **that** 만 사용가능하다.

관계대명사로 **that**을 쓸 수 없는 3가지 다음과 같다.	① 소유격 관계대명사로 쓸 수 없다
	② 앞에 전치사가 나오면 쓸 수 없다.
	③ 앞에 ,(컴마)가 나오는 계속적 용법에서는 쓸 수 없다.

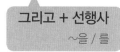

★ 보통 관계대명사의 문장을 "나는 모델인 잘 생긴 남자를 만났다."라고 의역하여 해석한다.
그러나 짧은 문장은 괜찮지만, 복잡하고 긴 문장에서 관계대명사가 나온 문장을 의역하여
해석하면 간단한 의미가 너무 어려워 진다. 그러므로 해석은 **그리고 + 선행사**로 하는 것이 좋다.

1_ 선행사가 사람일 때

☐1 **who** 주격 관계대명사 : 관계대명사절에서 주어로 쓰인다.

> **그리고 + 선행사**
> ~은 / 는, ~이 / 가

My wife is waiting for me. + She is from Canada. [S+V+C]
내 아내는 나를 기다리고 있는 중이다.　　　그녀는 캐나다 출신이다.

> **My wife ⩵ She** [주격]

관계대명사절 ➡ My wife who(that) is from Canada is waiting for me.
　　　　　　　内 아내, 그리고 내 아내는 캐나다 출신이고, 나를 기다리고 있는 중이다.

☐2 **whom(who)** 목적격 관계대명사 : 관계대명사절에서 목적어로 쓰인다. (생략가능)

> **그리고 + 선행사**
> ~을 / 를

The child is my friend's daughter. + You met her yesterday. [S+V+O]
그 아이는 내 친구의 딸이다.　　　　　　　너는 그녀를 어제 만났다.

> **The child ⩵ her** [목적격]

관계대명사절 ➡ The child (whom (that)) you met yesterday is
my friend's daughter.
　　　그 아이, 그리고 그 아이를 당신이 어제 만났고 내 친구의 딸이다.

133

3 **whose** 소유격 관계대명사 : 관계대명사절에서 소유격으로 쓰인다.

> 그리고 + 선행사
> ~의

I met a guy.   +   His skin is pale. [소유격+S+V+C]

나는 한 남자를 만났다.   그의 피부는 창백하다.

> a guy ≡ His [소유격]

관계대명사절 ➡ I met a guy whose skin is pale.

나는 한 남자를 만났다. 그리고 그 남자의 피부는 창백하다.

2_ 선행사가 사물일 때

1 **which** 주격 관계대명사

> 그리고 + 선행사
> ~은 / 는, ~이 / 가

My car is expensive. + It is from Germany. [S+V+C]

내 차는 비싸다.   그것은 독일에서 왔다.

> My car ≡ It [주격]

관계대명사절 ➡ My car which(that) is from Germany is expensive.

내 차 그리고 내 차는 독일에서 왔고 비싸다.

▶ expensive 비싼, 비싸다

> Audi
>
> 그 차는 아우디가 아니야
> 페라리야...
> 페라리는 이탈리아 차야...

2  which 목적격 관계대명사 (생략가능)

그리고 + 선행사
~을 / 를

He told me about his secret. + He has never revealed it. [S+V+O]

그는 나에게 그의 비밀에 대해 말했다.　　그는 한번도 그것을 발설한 적이 없다.

his secret ≡ It [목적격]

관계대명사절 ➡ He told me about his secret (which (that)) he has never revealed.

그는 나에게 그의 비밀을 말했다. 그리고 그의 비밀을 그가 한번도 발설한 적이 없다.

3 whose (of which) 소유격 관계대명사

그리고 + 선행사
~의

This is the dog. + It's teeth are sharp. [소유격+S+V+C]

이것이 그 강아지이다.　　그것의 이빨은 날카롭다.

the dog ≡ It's [소유격]

관계대명사절 ➡ This is the dog whose teeth are sharp.

이것이 그 강아지이다. 그리고 그 강아지의 이빨은 날카롭다.

3_ 특별한 관계대명사 what : ~하는 것

what 선행사를 포함

This is what I really want to tell you. (O)
이것이 제가 정말로 당신에게 말하고 싶은 것입니다.

관계대명사 what은 선행사를 포함하고 있다.

That's all what I want to tell you. (X) 그것이 제가 당신에게 말하고 싶은 전부입니다.

all이라는 선행사가 앞에 있으므로 관계대명사 what은 쓸 수 없다.

저자 특강! 관계대명사는 명사를 설명해주고 꾸며주므로 **형용사절**이다.
그러나 **what 관계대명사**는 **명사절**이다. 왜냐하면 명사인 선행사를 포함하고
있기때문이다.

What you said is true.   [S+V+C] **주어로 쓰인 명사절**
네가 했던 말은 진실이다.

I don't get what you said.   [S+V+O] **목적어로 쓰인 명사절**
나는 네가 했던 말을 이해못하겠다.

This is what you said.   [S+V+C] **보어로 쓰인 명사절**
이것이 네가 말했던 것이다.

12-2

관계부사

문장을 이어주는 **접속사역할**과 **부사역할**을 한다.

그리고 + **선행사**로 해석한다.

접속사와 **부사** 역할을 하며, 선행사의 의미가 **시간, 장소, 이유, 방법**에 따라 when, where, why, how 등을 쓴다.

| 문법 단골문제 | 생략된 전치사에 따라, 관계부사는 전치사 + which 로 바꿔 쓸 수 있다. |

의미	관계부사	➡ 전치사 + which
장소	where	in / at / on + which
시간	when	in / at / on + which
이유	why	for + which
방법	how	in + which

1_ 관계 부사

[1] **where** 선행사가 장소일 경우

This is the hospital. + You were born in there.

이곳이 그 병원이다.　　　　　너는 거기에서 태어났다.

관계부사절 ➡ This is the hospital where you were born.

이곳이 그 병원이다. 그리고 이 장소는 네가 태어난 곳이다.

137

2 **when** 선행사가 시간일 경우

I still remember the day. + I first went to Everland then.

나는 아직 그날을 기억한다.　　　　나는 그날 처음으로 에버랜드에 갔다.

관계부사절 ➡ I still remember the day when I first went to Everland.

나는 그날을 기억한다. 그리고 그날은 내가 에버랜드에 처음 간 날이다.

3 **why** 선행사가 이유(the reason)일 경우

I don't know the reason. + She yelled at me for the reason.

나는 그 이유를 모른다.　　　　그녀는 그 이유 때문에 나에게 소리를 질렀다.

관계부사절 ➡ I don't know the reason why she yelled at me.

나는 그 이유를 모른다. 그리고 그 이유 때문에 그녀는 나에게 소리를 질렀다.

▶ **yell** 소리 지르다

 ★**실제회화**에서는 관용적으로 **the reason**을 쓰지 않고 **why** 만 써도 된다.

I don't know **why** she yelled at me.

4 　how　선행사가 방법 (the way)일 경우

This is the way.　+　I studied English in the way.
이것이 그 방법이다.　　　나는 그 방법으로 영어를 공부했다.

관계부사절 ➡ This is the way how I studied English. (X)

This is how I studied English. (O)
이것이 그 방법이다. 그리고 그 방법으로 영어를 공부했다.

 ★the way 가 how의 선행사로 올 경우~ 같이 쓸 수 없다.

★ 두 문장을 한 문장으로 만드는 방법

❶ 관계부사를 사용한다.

❷ 전치사 + which로 만든다.

I met him at the restaurant.　+　My father met my mom at the restaurant.
나는 그를 그 식당에서 만났다.　　　우리 아빠가 그 식당에서 우리엄마를 만났다.

➡ I met him at the restaurant where my father met my mom.

혹은,

➡ I met him at the restaurant at which my father met my mom. 관계부사절

나는 그 식당에서 그를 만났다. 그리고 그 식당에서 우리 아빠가 우리엄마를 만났다.

자연스러운 대화를 이끄는 관계대명사

관계대명사는 일상생활에서 많이 쓰는 말로 우리말로는 **있잖아…, 거 뭐냐…** 라는 의미이다.

선행사로 한 템포 쉬고 자연스럽게 일상생활에 써 보자!

1 Did you see the girl **who** stopped by his office?

너는 그녀를 기억하니?, 있잖아 거 뭐냐… 그의 사무실로 잠깐 들렀던….

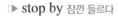 **stop by** 잠깐 들르다

2 Did you remember the guy **who** was wearing a pink t-shirt yesterday?

너 그 남자 기억나? 있잖어… 거 뭐냐… 어제 핑크색 티셔츠 입었던?

❸ Do you like Andrew **whose** wife is Indian-Canadian?

너 앤드류 좋아하냐? 있잖아 거 뭐냐... 와이프가 인도계-캐나다사람인 남자 있잖아?

❷ Have you ever read the book **that** our teacher recommended?

너 그 책 읽어 본 적 있어? 있잖아..거 뭐냐...? 우리 선생님이 추천해주신 책?

▶ **recommend** 추천하다

있잖어.. 거 뭐냐

141

 관계대명사에서 " , "의 차이

상대방이 당연히 안다고 생각되는 것은 [,]를 쓰는 **계속적 용법**

상대방이 모르니까 알려줘야 한다고 생각되는 것은 [,]없이 쓰는 **제한적 용법**

몇 일전 아내가 급습 질문을 했다.

계속적 용법 Do you remember our anniversary, which is May 22nd?

당신~ 우리 5월 22일 기념일 (당연히) 기억하죠?

이 말을 5월22일이 무슨 날인 줄 모르는 제3자가 들으면,

제한적 용법 Do you remember our anniversary which is May 22nd?

당신~ 우리 5월 22일 기념일 (잘 모르시죠? 알려드릴께요.)

기억하죠?라고 해석된다.

관계대명사를 잘 쓸 수 있다면 긴 문장을 영어로 말할 수 있다.

계속적 용법 PSY**, who** became the most famous singer through YouTube in 2012.
싸이, 너 알지? 유투브를 통해서 2012년에 가장 유명해졌던 가수잖아.

싸이를 모르는 사람에게 말할 때,

제한적 용법 PSY **who** became the most famous singer through YouTube in 2012.
싸이 (잘 모르시죠? 알려드릴께요.)는 유투브를 통해서
2012년에 가장 유명했던 가수에요.

다음 두 문장을 관계대명사를 이용하여 한 문장으로 만드시오.

1 Sarah met the guy. He was so gentle and handsome.

Sarah는 그 남자를 만났다. 그는 매우 자상하고 잘생겼다.

2 The woman lives next door. She is a police officer.

그 여자는 옆집에 살아. 그 여자는 경찰이야.

3 Where are the apples? They were in the refrigerator.

그 사과들 어디 있지? 그것들은 냉장고 안에 있었다.

4 What is the name of the man? You borrowed his car.

그 남자의 이름은 뭐야? 네가 그의 자동차를 빌렸어.

5 The restaurant is near downtown Toronto. We had dinner there.

그 식당은 토론토 시내 근처에 있다. 우리는 거기서 저녁식사를 했다.

6 Do you remember the day? We went to the zoo that day.

당신은 그 날을 기억합니까? 우리는 그 날 동물원을 갔습니다.

Answer》 **1** Sarah met the guy **who/that** is gentle and handsome.

2 The woman **who/that** is a police officer lives next door.

3 Where are the apples **which/that** were in the refrigerator?

4 What is the name of the man **whose** car you borrowed?

5 The restaurant **where** we had dinner is near downtown Toronto.

6 Do you remember the day **when** we went to the zoo?

CHAPTER **13** 문장의 톤을 조율하는 조동사

조동사 ①

13 / 조동사 ①

문장의 톤을 조율하는
조동사

일반동사만 쓸 경우

I eat some octopuses.

나는 낙지를 먹는다.

▶ octopuse 낙지

"낙지는 내 주식이야~"

조동사 must를 쓸 경우

I must eat some octopuses.

나는 낙지를 먹어야만 한다.

1,000,000

낙지먹기 경연대회

조동사 can을 쓸 경우

I can eat some octopuses.

나는 낙지를 먹을 수 있다.

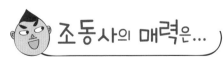 조동사의 매력은...

☐ 문장에서 must와 can 같은 **조동사가 동사 앞에 추가**되면 문장에 **덧붙였을 뿐**인데, 말하고자 하는 **톤과 뉘앙스가 달라진다.**

147

13 조동사 ①

조동사

조동사는 뒤에 나오는 동사의 의미를 보충해 준다.

평서문 주어 + 조동사 + 동사원형 의 순서로 쓰이며,

의문문 조동사 + 주어 + 동사원형 주어와 조동사의 위치를 바꾸어 쓴다.

부정문 주어 + 조동사 + not + 동사원형

1_ can : ~할 수 있다

문맥에 따라 다음과 같이 여러가지로 해석이 된다.

가능 We can see the ocean from our room.
우리는 방에서 바다를 볼 수 있다.

허락 Can I go to the bathroom?
화장실에 가도 될까요?

능력 Can you speak Korean?
한국어를 할 수 있어요?

부정형 부정은 can't

I can't do it. 나는 그것을 할 수 없다. **가능의 부정**

It can't be true. 그것은 사실 일리 없어. **추측의 부정**

★같은 뜻인 **be able to** 는 **다른 조동사를 써야 할 때 사용**한다.

I **will can** meet you tomorrow. (X)

I **will be able to** meet you tomorrow. (O) 나는 내일 너를 만날 수 있을 것이다.

조동사는 문장에서 하나만 쓸 수 있기 때문에 **can**을 **be able to**로 써야 한다.

2_ could : ~할 수 있었다 (can의 과거형)

could 는 can의 과거형이지만 과거의 의미를 나타내는 것 이외에 문맥에 따라
현재의 의미를 나타내기도 한다.

| 가정법 | I could meet you if I had time.
지금 내가 시간이 있었으면 널 만날 수 있을텐데…

| 부탁 | Could you do me a favor?
지금 저 좀 도와 주시겠어요?

★ **could**는 **can**보다 **더 공손한 표현**을 나타낸다.

Yes, I can.
네. 승진 할 겁니다.

Can you get a promotion next month?
다음달에 승진할 수 있지?

I could get a promotion.
승진할 수도 있을 거 같아요.

3_ may와 might (may의 과거형)

대부분 허락, 추측의 뜻이고 소망, 기원의 뜻도 있다.

허락 : ~해도 좋다

A : May I come in?   들어가도 될까요?

B : Yes, you may.   네, 들어오세요.

 ★may가 **허락**을 **의미할 때**는 can을 써도 된다.

may가 **허락의 의미**가 아니면 의미가 달라지므로 can을 쓸 수 없다.

불확실한 추측 : ~일지도 모른다

A : Where is Andrew?   앤드류 어디 있어?

B : He might be in the computer room.   아마도, 컴퓨터 방에 있을지도 몰라.

 ★ may의 관용적 표현

may well + 동사원형
~하는 것이 당연하다

may as well + 동사원형
~하는 것이 좋겠다

You may well feel tired. You didn't sleep last night at all.
피곤한 게 당연해. 너 어젯밤에 한숨도 못 잤잖아.

You may as well take a rest.
쉬는 것이 좋겠어.

4_ shall과 should (shall의 과거형)

shall은 상대방에게 권유, 제안을 할 때 사용한다.

should는 상대방에게 충고나 조언, 의무감을 나타낼 때 사용한다.

권유, 제안

Shall we dance?   춤 추실래요?

= Let's dance.   춤추자.

= Why don't we dance?   우리 춤 출래요?

 ★Shall, Let's, Why don't we 제안 3종 세트 알아두자!

충고, 조언/의무감

You should see a doctor right now. 충고, 조언 너는 지금 당장 의사에게 진찰받아야 한다.

We should protect our children. 의무감 우리는 우리 아이들을 보호해야만 한다.

▷ **see a doctor** 진찰받다

 ★should + not + 동사원형~은 ~해서는 안 된다 라는 뜻이다.

You should not come here. 너는 여기 오면 안 돼!

---

❶ should + have + 과거분사(p·p) ~했어야 했는데..라는 후회를 나타낸다.

❷ shouldn't [should not] + have + 과거분사(p·p) ~하지 말았어야 했는데...
라는 후회를 나타낸다.

I should have eaten the food.
그 음식을 먹었어야 했는데…아쉽다.

I shouldn't have eaten the food.
그 음식을 먹지 말았어야 했는데… (아 배 아파…)

내 의견을 부드럽게 표현하는 방법

토론에서 **상대방의 의견에 반대하여 말할 때**

너무 공격적으로 말하면 감정싸움이 된다. 다시 말해,

"I don't agree with you."

난 당신 의견에 동의하지 않아요.

라고 말하는 것은 상당히 공격적인 말 이다.

부드럽게 의견이 다르다는 것을 표현하는 방법

- Don't get me wrong, but…
  오해 하지 마시고 들으세요. 근데요…

- You have a point, but…
  중요한 포인트를 짚으셨네요. 근데요…

- I can see where you are coming from, but…
  어떤 얘기 하시는지 이해가 됩니다. 근데요…

- I'm on the fence about …
  당신 이야기의 찬성과 반대 사이에 있습니다만…

- This is a no-brainer, but …
  당연지사입니다. 근데요…

현실에서의 had better + 동사원형

had better + 동사원형 ~하는 편이 좋겠다, ~하는 것이 낫다

한국 이태원에 위치한 3대째 이어져 온 유명냉면집

식당에 도착한 외국인 아담은
"어떤 냉면이 더 낫냐고?" 종업원에게 물어 봤다.

 Which 냉면 is more delicious?
어떤 냉면이 더 맛있나요?

 You'd better order 물냉면 이라고 말했다.

 What's wrong with 비빔냉면?
비빔냉면이 잘못 되었나요?

had better + 동사원형
(내 말을 듣지 않으면 위험하거나 문제가 생기니까) 동사원형 하는 것이 좋을 것이다.

올바른(예)
Your flight leaves at 9:00 a.m.
너의 비행기가 오전 9시에 떠나.

You'd better go now or you'll miss your flight.
지금 가는 게 좋을 거야. 그렇지 않으면 넌 비행기를 놓칠 거야.

13 조동사① 연습문제

빈 칸에 들어 갈 알맞은 것을 고르세요.

1 He will (can / be able to) pick you up at the airport.

그는 너를 공항에서 데리고 올 수 있을 거야.

2 I should (listen / have listened) to what you said.

나는 너의 말을 들었어야 했었는데.

3 (Can/ Could) you do me a favor?

(공손하게) 부탁하나 해도 될까요?

4 He should (study / studies) English hard.

그는 영어공부를 열심히 해야 한다.

5 She (may / must) be in the library.

그녀는 도서관에 있을지도 몰라.

Answer》 **1** be able to   **2** have listened   **3** could

     4 study   **5** may

조동사 ②

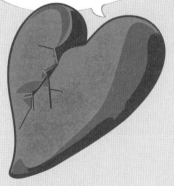

조동사의 잘못된 사용은 당신의 영어 회화에 금이 가게 할 수 있다.

14 / 조동사 ②

must vs
don't have to

당신의 여자친구가 갑자기
성형수술을 한다고 선언하는데,
당신은 **반대하고자 한다면**

어떻게 말해야 할까?

① must not ~해서는 안 된다

You **must not** have a plastic surgery···,

너는 성형 수술하면 안 돼···

because there are lots of side effects.
왜냐하면 많은 부작용이 있기 때문이야.

What?

② don't have to ~할 필요가 없다

여친의 맘을 움직여라~~~

You don't have to have plastic surgery...,
너는 성형 수술 할필요가 없어…

because you are already beautiful.
왜냐하면 너는 이미 아름답기 때문이지.

You're the most beautiful woman!!

14 | 조동사 ②

조동사

동사 앞에서 **동사의 의미**를 보충하여 문장의 **뉘앙스**를 나타낸다.

1_ must : ~해야만 한다

must는 의무와 강한 추측을 의미한다.

 의무

You **must** take vitamin pills.

너는 비타민 알약을 먹어야만 한다.

▶ take vitamin 비타민을 먹다

You **must** go to school.

너는 학교에 가야만 한다.

★must not + 동사원형 ~해서는 안 된다 　의무의 부정

You **must not** come to my office.

넌 내 사무실로 오면 절대 안돼!

You **must** come to my office.

너는 내 사무실로 와야만 한다.

She must be a singer.

그녀는 가수임에 틀림없어.

He must be a bald guy.

그는 대머리에 틀림없어.

★can not + 동사원형 ~일리가 없다   강한 추측의 부정

 ⬌

He must be a basketball player.   He cannot be a basketball player.

그는 농구선수임에 **틀림없어.**   그는 농구선수 일리가 없다.

2_ have to : ~해야만 한다

must의 ~해야만 한다와 같다.

의무   ## I have to go now.

나 지금 가야만 해.

She has to gain weight.

그녀는 살 좀 쪄야만 해!

▷ **gain** 얻다, ~하게 되다

You had to finish your assignment.

너는 숙제를 끝냈어야만 했었다.

▷ **assignment** 과제, 임무, 숙제

★must~ ~해야만 한다   ★have to~ ~해야만 한다

MUST
~해야만
한다   문서화 된
규정/지시문   HAVE TO
~해야만 한다   일상생활에
자주 쓰임

부정형 must not~ ~해서는 안 된다   부정형 don't have to~ ~할 필요가 없다

3_ will : ~일 것이다

문맥에 따라 의지, 확실한 추측을 나타내기도 한다. 일반적으로 ~일 것이다라는
뜻으로 미래를 나타낸다.

의지
I will show you how to get there.
내가 거기에 어떻게 가는지를 보여 줄게.

**확실한
추측**
The soccer game will end in 15 minutes.
그 축구경기가 15분 안에 끝날 것이다.

4_ would : 상황에 따라 정중한 표현을 나타내기도 한다.

can과 could처럼 will보다 would도 더 공손한 표현이며, 조금 더 불확실함을
나타낸다.

Will you lend me your camera?
나에게 너의 카메라를 빌려줄래?

Would you lend me your camera?
저에게 당신의 카메라를 빌려주시겠습니까?

What would you like to have for lunch?

점심으로 무엇을 먹기를 원해요?

Would you like something to drink?

마실 것 좀 드릴까요?

Would you like to + 동사원형 + ?

(공손하게)동사원형 하는 것을 원하십니까?

Would you like + 명사 + ?

(공손하게)명사를 원하십니까?

★ 커피 주문시 "I want a cup of coffee" 라고 주문하는 것 보다

"I would like to order a cup of coffee" 라고 말하는 것이 정중한 영어…

I would rather watch movies than read books in this weather.

이런 날씨에는 나는 차라리 책을 읽는 것보다 영화 보는 것이 낫겠다.

would rather + 동사원형 Ⓐ than Ⓑ

B보다 차라리 A하는 것(편)이 낫겠다.

추측의 정도

The answer is correct. 그 답은 정확하다. (사실)

The answer must be correct. 매우 확실
∨
will
∨
would
∨
should
∨
can
∨
could
∨
may
∨
The answer might be correct. 불확실

161

 내 생각을 잘 표현할 수 있는 방법

used to~   ~하곤 했다

used to **V**	~하곤 했었다
be used to **V** ~ing	~하는데 익숙하다

I used to ride motorcycles.

나는 (지금은 안타지만,) 예전에 꽤 오랜 기간 동안 모토사이클을 타곤 했다.

I was used to riding motorcycles.

나는 모토사이클을 타는 데 익숙해졌다.

의문문 Did you use to ride motorcycles?　　모토사이클을 타곤 했니?

➡ 지금은 아니지만 과거에 일정기간 했었냐는 물음

부정문 I didn't use to ride motorcycles.　　나는 예전에 안탔는데 (지금 탄다).

have to~와 be supposed to~ ~해야만 한다

사전을 찾아보면 둘 다 ~해야만 한다라는 뜻이다. 서로 사용하는 상황이 다르다.

You **have to** drive slowly.   너는 운전을 천천히 해야 한다.

➡ 지금은 운전하는 중이 아님

You **are supposed** to drive slowly.   너는 운전을 천천히 해야 한다. ⇒ 조심해!

➡ 지금 운전하는 중

다음 단어들을 순서대로 조합하여 문장으로 만드시오.

---

1 Would   dinner   have   to   for   you   like   what   ?

저녁으로 무엇을 먹기를 원하세요?

---

2 He   exercise   to   used   regularly   every   weekend   .

그는 매 주말마다 규칙적으로 운동하곤 했었다.

---

3 We   go   rather   would   to   the   zoo   than   to   the   amusement park   go   .

우리는 동물원에 가는 것보다 놀이동산에 가는 것이 낫겠다.

---

4 You   have   to   will   wait   awhile   for   .

너는 잠시 동안 기다려야만 할거야.

---

5 You   now   sleep   right   supposed   to   are   .

너 지금 자야만 해. (안자고 있을 때)

Answer》 **1** What would you like to have for dinner?   **2** He used to exercise regularly every weekend.
3 We would rather go to the amusement park than go to the zoo.
4 You will have to wait for awhile.   **5** You are supposed to sleep right now.

가정법

15 가정법

불후의 명곡_{으로} 알아보는

가정법

내가 만일 中에 ♪♬

내가 만일 시인이라면, 그댈 위해 노래 하겠어…

If I were a poet,
I would sing for you...

가정법 과거완료는 그 때 만일…

If + 주어 + had + 과거분사 P·P , 주어 + would / could / might + have + 과거분사 P·P

 ## 가정법의 과거와 과거완료

가정법 과거는 **지금 만일** ~한다면, ~할텐데 이다.

가정법 과거완료는 **그때 만일** ~했었더라면 ~했었을텐데 이다.

15 가정법

가정법
사실이 아닌 것을 임시로 인정하여 분위기를 나타낸다.

가정법은 듣는 사람을 배려해서 말하거나 설명에 유용하다.

직설법으로 I don't have money, I can't help you.

난 돈이 없기 때문에 널 도와줄 수 없어...

가정법으로 If I had some money, I would help you.

내가 돈이 있었더라면, 널 도와 줄텐데...

1_ 가정법 현재 : (미래에) 만일 ~한다면

미래에 대한 막연한 상황을 가정할 때 사용한다.

If + 주어 + 동사의 현재형 , 주어 + will / can / may + 동사원형

(미래에) 만일 ~한다면, If my partner is pretty, I will take you out.

소개팅녀가 이쁘면, 내가 한 턱 쏠게.

2_ 가정법 과거 : (지금) 만일 ~ 한다면

현재사실과 반대, 현재 바라는 희망을 가정할 때 사용한다.

If + 주어 + 동사의 과거형 , 주어 + would + 동사원형
could
might

(지금) 만일 ~한다면, If I were the sky, I would make your face glow.
지금 만일 내가 하늘이라면, 그대에게 물들고 싶어.

가정법에서 I 가 주어일 땐, **was**가 아닌 **were**를 쓴다.
그리고 현재 나는 하늘이 아니다. 하늘이 되고 싶다는 희망을 나타낸다.

★**가정법 과거** 또는 **가정법 과거완료**라고 부르는 이유는
문장에 쓰는 시제를 과거 또는 과거 완료를 쓰기 때문이다.
이름 때문에 과거의 뜻일거라고 착각하지 말자.

★ **가정법**의 **공손한 의미**

가정법을 이용해, 때론 공손하면서도 전략적으로 부탁을 할 수도 있다.

직설법 Help me! I have to finish it by three.
도와줘! 나 그거 3시까지 끝내야 해!

공손한 표현 If you helped me, I could finish it by three.
만약 네가 도와주면, 내가 그거 3시까지 끝낼 수 있을텐데…

➡ 현재 친구가 안 도와 주는 사실 간접적으로 표현
현재 친구가 도와주기를 희망함

3_ 가정법 과거완료 : 그때 만일 ~했었다면

can과 could처럼 will보다 would도 더 공손한 표현이며, 조금 더 불확실함을 나타낸다.

$$\text{If + 주어 + } \boxed{\text{had +p.p}} \text{ , 주어 + } \boxed{\begin{array}{l} \text{would} \\ \text{could} \\ \text{might} \end{array}} \text{ + have + p.p}$$

If I had hugged you, what would it have been like?

그때 만일 내가 마지막에 널 안아줬다면 어땠을까?

If we had taken your suggestion, we wouldn't have failed our business.

그때 만일 우리가 당신의 제안을 받아 들였다면, 우리는 사업을 실패하지 않았을텐데…

★ 기타 가정법

I wish +	**가정법 과거**	지금 만일 ~라면 좋을텐데…
	가정법 과거완료	그때 만일 ~했었으면 좋을텐데…

I wish I had a laptop like that.
지금 만일 내가 저런 노트북을 가지면 좋을텐데…

I wish I had invited many friends.
그때 만일 내가 많은 친구들을 초대했었으면 좋을텐데…

as if +	**가정법 과거**	마치 ~인 것처럼 ~한다
	가정법 과거완료	마치 ~인 것처럼 ~했다

He finished the disgusting food as if he had eaten it before.
그는 그 혐오스러운 음식을 마치 전에 먹었던 것처럼 다 먹었다.

I act as if I didn't know anything about it.
나는 그것에 대해 마치 아무것도 모르는 것처럼 행동한다.

영어개념를 공구리다

■ 가정법에서 가장 중요한 것은, 말하는 시점이다.

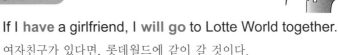

가정법 현재

If I **have** a girlfriend, I **will go** to Lotte World together.
여자친구가 있다면, 롯데월드에 같이 갈 것이다.

막연한 미래에 여자친구가 있다면 롯데월드에 놀러 갈 것이다라는
희망사항을 나타낸다.

가정법 과거

If I **had** a girlfriend, I **would go** to Lotte World together.
여자친구가 있다면, 롯데월드에 같이 갈텐데- 지금 여자친구가 없다.

지금 만일 여자친구가 있다면, 롯데월드에 같이 갈텐데라는
현재 사실의 반대를 나타낸다.

가정법 과거완료

If I **had** a girlfriend, I **would have gone** to Lotte World together.
여자친구가 있었더라면, 롯데월드에 같이 갔었을텐데….

그때 만일 여자친구가 있었더라면,
롯데월드에 같이 갔었을 거라는 후회와 과거 사실의 반대를 나타낸다.

형용사만 잘 쓰면 당신은 원어민!

원어민
What do you think about this movie?
이 영화에 대해 어떻게 생각해?

한국인
It is fun.
재미있어.

원어민
Boring! / It's very sad. / It's a tear-jerker.
지루해　　　완전 슬퍼　　　(눈물을 흘리게 하는 감상적인) 최루성 영화야.

· **haunting**
내용이 잊혀 지지 않는

· **heavy-going**
이해하기 어려운

· **gripping**
시선을 사로잡는

· **fast-moving**
스토리 전개가 빠른

· **thought-provoking**
진지하게 생각하게 만드는
시사하는

· **a tear- jerker**
눈물을 짜게 만드는

· **gruesome**
섬뜩한, 소름 끼치는

· **gory**
피가 튀는

· **implausible**
말도 안되는

173

15 가정법 연습문제

다음 문장들을 영작하시오.

1 (지금 만일) 내가 100만원이 있다면, 노트북 하나를 살텐데.

2 (지금 만일) 내가 뛰었더라면, 그 축구시합에서 골을 넣을 텐데.

3 (그때 만일) 네가 나를 만났더라면, 내가 널 도와줬을텐데.

4 (그때 만일) 그가 거기에 가지 않았더라면, 그는 그녀를 못 봤을텐데.

5 (막연한 미래에) 내가 약간의 돈이 있다면, 난 이 가방을 살거야.

Answer » **1** If I had one million won, I would buy a laptop.

2 If I were playing, I would make a goal in the soccer game.

3 If you had met me, I would have helped you.

4 If he hadn't gone there, he wouldn't have seen her.

5 If I have some money, I will buy this bag.

한번 읽으면 끝나는
영문법 가이드~

여러분의 외국어 학습에는 언제나
Digis가 성실한 동반자가 되어줄 것입니다.

초간단 시리즈

혼자서 손쉽게 외국어의 기초를 다진다! 동인랑

★ 4×6배판 / 224쪽

★ 4×6배판 / 292쪽

★ 4×6배 변형판 / 228쪽 / MP3 CD

외국어 앞에서 더 이상 무섭지 않다!

www.donginrang.co.kr

· 혼자서 손쉽게 외국어의 기초를 다진다!

· 발음부터 대화문 듣기까지 한 권으로 정복한다!

· 들리는 대로만 따라하면 저절로 외국어회화가 된다!

저자 ★ 양승혁 Andrew Yang

- 08/09 FW 디자이너 정욱준 JUUN.J 파리 컬렉션에서 통역업무
- 저소득층을 위한 영어캠프 및 각종 캠프 다수 진행
- 성인 스터디 및 초등학생부터 성인까지 폭 넓은 강의
- 문법, 텝스, 토익, 토플, 오픽, 중고생 영어 말하기 대회 강의
- 국제영어대학원대학교(IGSE) 영어지도학과 석사
  - Certification for teaching Korean of Digital Seoul Art University
  - Tesol certification of California State University, Long Beach
  - Tesol for children of California State University, Long Beach

- 저서 │ 싱싱 초간단 리얼리얼 잉글리쉬
     한번 읽으면 끝나는 영문법 영어개념 Guide

감수 ★ 코셜 파텔 Kaushal Patel

- 미국 North Carolina의 Sandy Grove 초등학교 교사 근무
- 가천 대학교 영어강사 근무
- 현 SIS(서울 국제 학교) 초등학교 교사

한번 읽으면 끝나는
영어개념
Guide

1판 4쇄 2023년 2월15일   발행인 김인숙   발행처 디지스
Editorial Director 김태연   교정·교열·각색 김태연   표지·내지 디자인 김미선   일러스트 이선경
Printing 삼덕정판사

139-240
서울시 노원구 공릉동 653-5   대표전화 02-963-2456
                              팩시밀리 02-967-1555
                              출판등록 제 6-694호
                              ISBN 978-89-91064-07-2

◘Digis 에서는 참신한 외국어 원고를 모집합니다.